Das Buch

Auf der Suche nach dem absoluten Maßstab, um auf seiner Basis recht zu handeln, traf Ralf Scherer auf das Kôan Mu, das paradoxe Rätsel des großen Zen-Meisters Jôshû (778 – 897), und rang um dessen Lösung. Aus dieser Erfahrung und der ihr entstammenden Erkenntnis, dass das Absolute namenlos ist, demnach alle und keinen Namen tragen kann und somit Gott, Buddha oder Wahrheit heißen könnte, entstand dieses Buch. Sie ist dessen einzige Quelle. Die einzelnen Themen basieren so auf dem Einen Prinzip. Dem Einen Geist. Aus ihm entspringt der lebendige Zen-Buddhismus, der sich in seiner „Wortwahl" nur vor dem Meister verbeugt, der die Hände bewegt. Der zu finden ist nicht an einem bestimmten Ort, sondern lebendig ist in allen Dingen. Dort, wo Sie sind. Dies möchte Ihnen Ralf Scherer verdeutlichen u.a. in: „Der absolute Maßstab Mu. Der freie Mensch. Die Richtung der Suche. Theorie und Praxis des Kôan Mu. Das ziellose Ziel. Das Zusammensein. Das Erlangen von Weisheit. Die Beeinflussung der Existenz." Ein Loblied auf die Schöpfung. Ein Gedicht für Buddha, indem alle Worte zusammenrücken, sich verdichten und dem (Nicht-)Wort Mu zum Synonym werden und damit das Wesen Buddhas wiedergeben.

Der Autor

Ralf Scherer, Jahrgang 1966, lernte 2003 das Kôan Mu des Zen-Meisters Jôshû kennen und bemühte sich ernsthaft um dessen Lösung.

Der Liebende ist kein Sünder

Zen-Erfahrungen
Ralf Scherer

BoD

Taschenbuch Mai 2011
Herstellung und Verlag: Books on Demand GmbH, Norderstedt
Copyright © Ralf Scherer

ISBN 978 3 842 36764 7

Für Ronnie James Dio

1942 – 2010

„Sing me a Song, You're a Singer"

Inhaltsverzeichnis

Vorwort

Mit diesem Buch möchte ich Sie an meinen Zen-Erfahrungen teilhaben lassen und mein Wissen um Zen weitergeben. Es ist kein angehäuftes, sondern lebendiges, sich stets erneuerndes Wissen, das ich erfahre in meinem ständigen Bemühen jenes „eine namenlose Ding" festzuhalten, das nicht festzuhalten ist.

Mir ist bewusst, dass Bücher im Zen wenig bedeuten, da es über Zen nichts zu sagen gibt. Doch statt mir, wie ein großer Zen-Meister in einer Anekdote[1] die Sandalen auf den Kopf zu legen, um zu zeigen, dass es nichts zu sagen gibt, gehe ich dennoch davon aus, dass die beschriebenen Erfahrungen von Interesse für Sie sind und Sie einen Hauch davon spüren, welch enorme Kraft Zen in sich birgt.

Es ist meine tiefe Überzeugung, dass es sich lohnt, Zen selbst zu erfahren, aber dies ist kein missionarisches Buch. Folgen Sie nur dem, dem Sie folgen können. Meine Zen-Erfahrungen möchte ich Ihnen so verständlich als möglich beschreiben und „erwarte nichts" von Ihnen. Weder buddhistische Kenntnisse, noch eine besondere Religiosität. Aber es würde mich freuen, wenn Sie mit offenem Herzen lesen könnten.

Das Buch ist für alle, die das Göttliche suchen, wie auch immer Sie dieses benennen möchten. Die wissen möchten,

---

1 Einer Katze wegen stritten sich eines Tages die Mönche von der östlichen mit denen von der westlichen Zen-Halle. Als Nansen (748 – 835) das sah, hielt er die Katze hoch und sagte: „Kann einer von euch etwas über Zen sagen, so werde ich die Katze nicht töten". Die Mönche blieben stumm. Nansen hieb die Katze entzwei.

Nansen erzählte Jôshû was geschehen war und fragte ihn, was er getan hätte. Daraufhin nahm Jôshû seine Sandalen, legte sie auf den Kopf und ging davon. Nansen sagte: „Wärest du hier gewesen, hätte ich die Katze verschonen können."

wer sie sind. Die das Wesen der Dinge erkennen möchten. Die eins sein möchten und nicht zerrissen. Die verzweifelt sind und leiden. Die nicht vergessen können. Die Frieden suchen. Die Erleuchtung suchen. Die Halt suchen. Die das Edle suchen. Die den Weg der Mitte gehen möchten. Den Weg der Freiheit, auch im bitteren Sturm.

Selbstverständlich aber auch für diejenigen, die einfach „nur" neugierig sind. Seien Sie alle herzlich willkommen.

Ralf Scherer, Speyer 2010

Einleitung

Vielen Menschen, die sich in der Lektüre ernsthaft um das Verstehen von Zen bemühten, blieb das Wesen von Zen trotz zahlreicher Buch-Veröffentlichungen verborgen, und die große Stärke von Zen wurde ihnen nicht bewußt. Sehr, sehr schade, gelinde ausgedrückt, denn Zen ist von großem Wert. So außergewöhnlich und im selben Moment so normal, so klar, rein und natürlich wie Wasser.

Warum ist es schwierig Zen durch das Buch zu vermitteln? Weil Zen Erfahren ist und damit jedes Wort diesem gegenüber unzureichend zurückbleibt und an dem Wesen des Zen vorbeigeht. Es ist, als würden Sie ein Buch über das Leben lesen, anstatt zu leben, sodass in diesem Sinn jedes Wort über Zen, sei es gesprochen oder geschrieben, ein Wort zu viel ist und es somit über Zen nichts zu sagen oder zu schreiben gibt.

Dieses Nichts, das ganz und gar alles ist, was über Zen gesagt oder geschrieben werden kann, versuche ich in diesem Buch (dennoch) in Worte zu fassen, indem die Quelle der Worte einzig meine Erfahrung mit dem Kôan Mu ist und das Buch somit aus dem ständigen Bestreben den Dualismus zu überwinden entstand. Dem ständigen Fragen nach dem Wesen des Dinges (Themas). Insofern ist es radikal. Wesentlich. Ursprünglich. Anders ausgedrückt: Meine „Verbeugung" in der Wahl der Worte gilt einzig dem Meister, der die Hände bewegt, sodass das Buch eher ein Ausdruck meines Wesens („Dharma-Vortrag") ist, denn ein Sachbuch, indem all das, was ich weiß, ist, das(s) ich bin und (von) ihm ist und daher die „Sache", um die es in diesem Buch einzig geht, Buddha ist.

Je „mehr" es gelungen ist, das Buch in der (angestrebten) Überwindung „meines Ichs" geschehen zu lassen, desto „mehr" ist das Buch Zen (Buddha) und liegt umso „näher" an der Wahrheit (Weisheit). Erhält umso „mehr" auch die „Struktur" des Zen, in der das eine Kapitel das andere Kapitel und damit das gesamte Buch ist. Um diesem „mehr und näher" zu entsprechen, entstand es aus sich heraus ohne lexikalisch angehäuftes Wissen, von wenigen Zitaten und Jahresdaten abgesehen.

Diese „Struktur" spiegelt sich auch in den Worten des Buches wieder, indem alle dem (Nicht-)Wort Mu entstammen und in diesem münden. Die geschriebenen Worte aufgrund des selben Wesensfundamentes zusammenrücken und einander synonym werden. Sich nicht aufblasen, sondern verdichten (Substanz, Essenz) und das Buch so in der Annäherung der Worte an Mu (Buddha) ein „Gedicht" für Buddha ist. Ein Loblied auf die Schöpfung. Hier und da ergibt sich dann eine etwas „andere Grammatik"[2] und die Verwendung der Klammer, die (meist) dazu dient in ihr mit einem anderen Wort (Begriff) dasselbe zu beschreiben als davor oder auch auf das Wort hinzuweisen, das Denken und Handeln vereint. Beispielsweise das Wort „begreifen" als das Innere („verstehen") und Äußere („anfassen") in die Klammer zu setzen und so auf die Verbindung des Inneren mit dem Äußeren hinzuweisen.

Die (universelle) „Themenauswahl" ergab sich aus dem, was ich im Erfahren des existenz-übereinstimmenden Prinzips (Buddha) als das den Menschen Angehende erachte. Ihnen vor allem Theorie und Praxis des mächtigen Kôan Mu des Jôshû vorzustellen. Sie werden das Buch umso „besser" verstehen, je „weiter" Sie Zen durch die Praxis des Kôan Mu erfahren und so Lesen und Erfahren Hand in Hand gehen. Gerade das Kapitel „Der heilende Umgang mit einer Gewalterfahrung" sollte in Verbindung mit dieser Praxis gelesen werden.

---

2 Lesen Sie hierzu bitte auch den „Kommentar zur Grammatik des Buches" auf Seite 176.

Hinweisen möchte ich auf folgendes: Schreibe ich Buddha, so „meine" (schreibe) ich Gott. Vice versa. Er ist die Leere. Er ist Mu. Er ist das Nichts, das Alles ist. Er ist das: Ich bin, der ich bin. Die Namenlosigkeit: Das Erwarten eines Namens, um keinen zu vernehmen. Er ist Anfang, Weg und Ende. Das Göttliche. Die Wahrheit. Erwähne ich „beide" oder „mehrere" dieser selben (göttlichen) „Attribute", so lediglich um der „Gefahr" möglicher Assoziationen zu begegnen, die jeder Mensch (Leser) mit „seinem Gott" hat.

Sollten Sie aus anderen Büchern gewohnt sein, Regeln, Prinzipien oder Begründungen zu übernehmen, um sie auf Ihr Leben zu übertragen und anzuwenden, um damit vielleicht auch Ihre Probleme zu lösen, so ist dies mit diesem Buch nicht möglich, da es keine der Genannten enthält. Anders ausgedrückt: Buddha Regel, Prinzip und Grund ist. Dies sollte somit nicht Ihre Sorge sein, denn begeben Sie sich auf den Weg des Buddha, werden Sie Ihre Zen-Erfahrungen machen, und diese werden dann das Meistern Ihres Lebens sein, indem (in dem) Sie recht handeln.

Der absolute Maßstab Mu

Können Sie handeln, wenn Sie handeln wollen? Können Sie eingreifen, wenn Sie eingreifen sollten? Wer bestimmt, dass Sie „sollten"? Können Sie Ihr Versprechen halten, wie es im Moment der Vergabe Ihre Absicht war? Können Sie sich ausdrücken und das, was Sie zu sagen haben, auch sagen, oder bleiben Sie stumm, wenn die richtigen Worte fallen müssten? Was sind die richtigen Worte? Wem folgen Sie, wenn jeder Mensch eine andere Meinung hat? Was ist Ihre Meinung? Was ist die richtige Meinung? Gibt es die eine (absolute) Sicht?

Oder stellen sich Ihnen solche Fragen nicht? Denken Sie nicht darüber nach, oder haben Sie diese bereits für sich beantwortet? Sind die Antworten, die Sie finden, für Sie befriedigend, oder ergeben sich Ihnen dadurch weitere Fragen? Müssen Sie sich überhaupt Fragen stellen? Wer bestimmt, dass Sie müssen? Wer darf fragen, und wer darf antworten? Jeder oder nur bestimmte, gebildete Menschen? Wer ist gebildet? Wer ist weise? Wer bewertet die Antworten? Nach welchen Kriterien?

Steht nichts fest? Ist nichts klar und deutlich? Ist alles anzweifelbar? Verhandelbar, beliebig, relativ, bedingt? Hat alles zwei Seiten? Ist nicht etwas auch mal nur so, wie es eben ist? Ohne Streit, ohne Diskussion, ohne Gegenstimme, ohne Anfechten, ohne Revision? Nur eins?

Könnten die (vielen) Fragen und damit auch die Suche nach Antworten Sie nicht in Ruhe und einfach nur menschlich sein lassen? Mit allem, was Sie sind? Was aber sind Sie? Und wer sind Sie? Was ist Ihre Antwort auf die Frage: Wer bin ich?

Auf welche Größe können Sie sich verlassen, die von Bestand ist, unabhängig von Ihren und anderen Meinungen, Wünschen, Träumen, Zielen, Gefühlen,

Ansichten? Ihrem Wollen, Glauben und Urteilen? Eine Größe, bei der Sie und der Andere zurücktreten müssen? Die Sie und der Andere annehmen und anerkennen müssen, ob es Ihnen gefällt oder nicht? Eine Größe, größer als Sie und dennoch in Ihnen?

Wenn Sie also „etwas" hätten, das (aus sich heraus) feststünde, das absolut wäre, dann könnten Sie sich darauf verlassen. Es gäbe Ihnen Halt und könnte Sie nicht enttäuschen. Sie hätten eine Verlässlichkeit und Sicherheit, auf die Sie Ihr Menschsein aufbauen könnten und wüssten, wann, wo und wie Sie zu handeln hätten. Gibt es dieses „Etwas"? Ja, (es ist) Mu[3], die Vereinigung[4] des Einen mit dem Anderen, dem das Dasein (Existenz) entspringt.

Mu ist leer. Mu ist grenzenlos. Mu ruht in der Bewegung. Mu genügt sich, braucht nicht, will nicht. Mu ist das eine Ding. Mu ist alle Dinge. Mu haftet nicht an den Dingen. Mu ist in Ihnen und außerhalb von Ihnen. Mu ist Ihr Selbst (Wesen). Mu existiert in der Nicht-Existenz, überwindet und befreit damit die Existenz. Mu ist Sein und Nicht-Sein, Weiblich und Männlich, Leben und Tod, Oben und Unten. Mu nimmt alle und keine Formen an und trägt alle und keinen Namen.

Von Mu geht alles aus. Mu ist der Ursprung. Die Quelle. Die ständige Erneuerung (Regeneration). Das Alpha und das Omega. Der Kreis. Das Erheben und Fallen. Der Moment. Der nicht-gedachte (fallengelassene) Gedanke, der nicht durch den Verstand erfasst werden kann, sondern wesentlich erfahren werden muss, um (diesen) zu verstehen (erkennen).

---

3 jap. für „nichts", „nicht", „das Nichts", „kein", „un-", das Wesensfundament dieses (Nicht-)Wortes ist (sprachlich) universell

4 Überwindung des Dualismus

Wenn die Frage eine Antwort sucht, auch die Frage, ob es überhaupt Fragen und Antworten gibt, dann liegt die Antwort darin, dass Sie erst erkennen müssen, was Ihr Selbst ist. Wer Sie sind. Was Mu ist. Dann überwinden Sie auch diese selbe einende Frage, auf die alles hinausläuft und stellen keine Fragen mehr, die Antworten erfordern, sodass Fragen und Antworten überwunden sind. Sie von diesen frei und in Ruhe gelassen sind.

Sie finden Mu, indem Sie von allen Dingen (Anhaftungen) leer werden und damit auf Messers Schneide wandeln. Auf dem Weg der Mitte, der weder links noch rechts und somit ohne Entscheiden ist. Dieses Finden durch das Erfahren (Schauen) von Mu ist der Moment Ihrer Erleuchtung. Ihr Blick auf die Leere, die Sie umgibt und die Dinge vereint. Diese (fruchtbare) Leere ist nicht etwa die Öde einer Depression oder eines Burn-Outs. Mu ist das Leben. Die unmittelbare Antwort auf die Frage „Wer bin ich?" Der unmittelbare Weg zu Ihrem Selbst, zu Gott (Buddha), zur Schöpfung, zu den Dingen, zur Wahrheit, zur Weisheit, und alle diese Genannten sind dasselbe. Das Eine.

Erfahren Sie Mu, so erfahren Sie Zen (Buddha). Zen ist nur ein Name, nur ein Wort, und nicht einmal das. Erfahren Sie, so kommen Sie zu sich, erwachen, finden sich, initiieren sich, tragen nichts mit, regenerieren.

Aus dieser wesentlichen Erfahrung (Wesensschau) entspringt Ihr rechtes Handeln, das nicht falsch sein kann. Ihr Meistern aller Situationen. Ihr Über-Den-Dingen-Stehen. Ihre Unbedingtheit (Absolutheit), aus der heraus Sie alle Wege gehen können und doch nur den einen Weg gehen.

Dann können Sie handeln, wenn Sie handeln wollen. Dann ist Ihr Handeln gewollt und Ihr Wille geschehen. Dann ist Ihr Wollen ohne Bemühen (Absicht), und Sie handeln recht, indem Sie Mensch sind.

Der freie Mensch

Der freie Mensch ist der Mensch, der liest, wenn er liest, schläft, wenn er schläft, bastelt, wenn er bastelt etc. Diese „Aufzählung" ist ohne Anfang und Ende und besitzt dieselbe „Länge" wie die „Anzahl" aller Dinge, sodass es auch lauten könnte: Der freie Mensch ist der Mensch, der die Dinge tut, wenn er die Dinge tut. Zwischen ihm und dem Tun gibt es keine Trennung durch die Dinge.

Besteht zwischen Ihnen und dem Tun demnach auch keine Trennung durch Ihre Meinungen, Gedanken, Ansichten, Urteile über das Tun, dann sind Sie eins mit dem Tun, und Sie erhalten das Tun. Sie sind das Tun und sind nicht mehr interessiert an dem Tun, weil Sie tun. Dieses Tun ist das freie Tun, in dem Ihre Freiheit als Mensch zum Ausdruck kommt und diese daher nicht der Erwähnung bedarf: Sie tun (wie Sie tun).

Der Bezug zwischen dem Tun und der Freiheit wird deutlicher, wenn das „Tun" durch „Leben" ersetzt wird: Besteht zwischen Ihnen und dem Leben keine Trennung durch Meinungen, Gedanken, Ansichten, Urteile über das Leben, dann sind Sie eins mit dem Leben, und Sie erhalten das Leben. Sie sind das Leben und sind nicht mehr interessiert[5] an dem Leben, weil Sie leben. Dieses Leben ist das freie Leben, in dem Ihre Freiheit als Mensch zum Ausdruck kommt. Auch hier bedarf die Freiheit nicht mehr der besonderen Erwähnung: Sie leben (wie Sie leben).

Als der freie Mensch, der nicht an die Dinge (Umstände) gefesselt ist, gehen Sie Links und Rechts und stehen durch das Erkennen Ihrer Grenzenlosigkeit (Ichlosigkeit) über den Dingen. Ihr Gehen ist leer. Ohne Absicht. Ohne Mühe, auch wenn Sie tausende Kilometer gehen. Es ist:

---

5 Sie fragen nicht nach dem „Warum", dem Sinn des Lebens, sondern leben.

Warum gehen Sie? Weil ich gehe. Wer geht? Der, der geht. Wohin gehen Sie? Antwort: „Gehen", indem (in dem) das Gehen die Richtung[6] (bereits) in sich beinhaltet. Als der gefesselte Mensch gehen Sie nur dorthin, wohin die Dinge (Bedingungen, Umstände), durch die Sie sich begrenzen, Ihnen erlauben hinzugehen, sodass Sie dann nicht gehen, weil Sie gehen, sondern weil Sie bedingt sind zu gehen und Ihr Gehen einer Begründung bedarf, die vom Gehen differiert und durch die Differenz trennt.

Alle Dinge, die Sie wahrnehmen und die sich Ihnen durch diese Wahrnehmung erheben, fesseln (bedingen) Sie, wenn Sie diese im Moment der Erhebung nicht fallenlassen. Ihr Selbst in jedem Moment finden und damit die Fragen der Dinge durch Ihr leeres Dasein beantworten. Ein Beispiel: Jemand beleidigt und verletzt Sie. Die Beleidigung nagt an Ihnen und lässt Sie nicht los. Ständig denken Sie daran, was Sie hätten entgegnen sollen, was Sie hätten tun sollen. Ihre Gedanken reichen von Ihrer eigenen Unterwerfung: „Ja, er hatte ganz recht, das zu sagen!" bis hin zur Unterwerfung Ihres Beleidigers: „Noch ein Wort von ihm, und er lernt mich kennen!" Innerhalb dieses (dualen) Spektrums verzweifeln Sie an dem Hin und Her der Gedanken und Gefühle und sind „solange" gefesselt, bis Sie wiederum bei sich sind und das Hin und Her akzeptieren können. Dieses „Solange" ist der Moment der Beleidigung.

Als der freie Mensch hingegen können Sie durch die Beleidigung nicht gefesselt werden. Sie reiben sich nicht zwischen den Dualen auf, da in Ihnen das Hin und Her geeint ist und es in Ihnen so nicht zu einer Gedanken- und Gefühlsflut kommt. Als der freie Mensch, der sein Selbst und damit auch seine Ichlosigkeit erkannt hat, können Sie von den Worten der Beleidigung nicht gefunden werden. Wen sollten diese auch treffen? Wessen Ich (Ego)

---

6 Tun ist im selben Moment Ort und Zeit

verletzen? So hören Sie die Worte der Beleidigung und bereits im Hören haben Sie diese fallengelassen (losgelassen), sodass das Erheben und Fallenlassen der Worte eins sind (ist) und die Worte der Beleidigung in Ihnen in dem Moment verklungen sind, als sie ausgesprochen wurden. Als der freie Mensch sehen Sie damit auch keinen Anlass (sich) zu unterwerfen, nicht aber aus einer Haltung heraus, sondern weil Sie nichts (Mu) besitzen, auf was Sie eine Unterwerfung gründen könnten.

Aber könnten Sie denn als der freie Mensch durch ein Lob gefesselt werden? Jemand lobt Sie vor Kollegen. Sie fühlen sich toll, rufen das Lob immer wieder in Ihnen ab und möchten im Gegensatz zu den Gedanken der Beleidigung gar nicht, dass die Gedanken des Lobes Sie verlassen. „Endlich erkennt mal jemand meinen Wert!" freuen (denken) Sie sich. Doch Sie sind erneut gefesselt, bemerken diese Fesselung nicht bzw. möchten sie nicht bemerken, weil Sie sich so „gut" damit fühlen. Das Lob tut Ihnen nicht weh, ganz im Gegenteil, es beflügelt Sie. Aber ob Sie sich „mies" oder „toll" fühlen (denken), darauf kommt es in Ihrer Freiheit nicht an, wenn diese Gefühle nicht aus Ihrer Entfaltung als Mensch, somit leer entstehen und sich damit am rechten Platz (Fleck) befinden. So können Sie als der freie Mensch, der „sein Herz am rechten Fleck trägt", auch nicht durch ein Lob gefesselt werden, denn auch dieses „trifft" Sie nicht, obgleich sich ein noch vorhandenes Ich gerne davon finden lassen würde, um sich daran zu nähren.

Als der freie Mensch ist Ihnen Lob und Beleidigung „gleich". Besser ausgedrückt: … eines. Nicht weil Sie es so festlegen (definieren) oder sich es so wünschen, sondern weil Sie nichts (Mu) fesseln kann. Nichts (Mu) da ist und somit auch Nichts (Mu) zwischen Sie und das Erkennen Ihres Selbst geraten kann und Ihnen den Zugang (Einssein) zu dem Einen, sei dieses Gott, Buddha, Schöpfung oder

Wahrheit genannt, versperrt, der auch der Zugang zu Ihrem Gewissen ist. Sie somit auch nicht gewissenlos sind. Dies bedarf Ihrer hohen Aufmerksamkeit in der Wahrnehmung der Sie umgebenden Dinge, die Sie diesen gegenüber nicht blind sein lässt. Heißt das dann aber, dass Sie als der freie Mensch unfähig sind Lob oder Beleidigung anzunehmen? Nicht in diesem Sinne: Sie nehmen diese im Geben, fügen nichts (Mu) hinzu und nehmen nichts (Mu) weg. Sie sind eins mit Lob und Beleidigung und haften diesen nicht an. Tragen sie nicht mit.

Das Göttliche (Mu) ist die höchste Instanz, die den Menschen frei sein lässt. Sie ist damit auch größer als die Meinung eines Lobes oder einer Beleidigung eines beabsichtigenden Menschen. Für den freien Menschen gibt es niemanden, dessen Meinung so wichtig sein könnte, als die (leere) absolute „Meinung" des Göttlichen, aus der heraus er den Menschen nur als Menschen „nutzt", ihm gegenüber nicht beabsichtigt[7] und ihm damit gerecht wird.

Sie sind dann durch das Nicht-Anhaften auch nicht getrieben (bedingt) über die Beleidigung oder das Lob zu reden. Sich auszuweinen oder aufzuspielen. Sich mitzuteilen oder sich zu rächen. Sich in der Kneipe „volllaufen" zu lassen oder sich mit Süßigkeiten „voll-zustopfen". Übel gelaunt durch die Gegend zu rennen und an dem Anderen den Ärger auszulassen. Als der freie Mensch brauchen Sie keine Kompensation zur Beleidigung oder zum Lob, da Sie diese längst nicht mehr mittragen und damit auch handlungsfähig bleiben. Die Dinge nur tun, weil Sie sie eben tun, sodass keine Konditionierung Ihres Tuns erfolgt.

Als der gefesselte Mensch sind Sie sich der Sie umgebenden Dinge nicht bewusst. Es kommt Ihnen nicht in den Sinn, dass Ihr Handeln nicht gerecht und damit auch

---

7 führt nichts (Mu) im Schilde

nicht von Ihrer Freiheit als Mensch beseelt sein könnte. Dass Sie sich antreiben, hetzen, stressen oder manipulieren lassen. Als der freie Mensch hingegen können Sie nicht gehetzt oder angetrieben werden. Sie tun, was Sie tun: Schnell ist schnell, schneller ist schneller. Es gibt keinen Vergleich. Keine Relativität zwischen den Steigerungsformen.

Als der Mensch, der tut, was er tut, handeln Sie selbstlos, nicht egoistisch, denn um das zu tun, was Sie tun, bedarf es der Überwindung Ihres Ichs. Nur dann erhalten Sie die Bindung (Einssein) zum Göttlichen, die zu Ihrem unmittelbaren, d.h. leeren und damit absichtslosen Tun berechtigt.

Ihre Freiheit zeigt sich in den kleinen und großen Dingen. Die kleinen Dinge sind nicht banal. Es geht um Ihr freies Tun in jedem Moment Ihres Daseins. Es geht um Ihre Freiheit als Mensch in jedem Moment.

Wer sind Sie?

Wenn Sie jemand fragen würde, wer Sie sind, was würden Sie antworten? Würden Sie vielleicht sagen: „Mein Name ist Ute Müller. Ich bin 23 Jahre alt, studiere an der Universität in Freiburg, meine Hobbys sind Volleyball und Musik"? Oder: "Ich bin Martin Schulz, 44 Jahre alt, von Beruf bin ich Schlosser. Ich habe zwei Kinder, die noch zur Schule gehen"? Hätten Sie damit beantwortet, wer Sie sind?

Nein, Sie hätten lediglich Worte gesprochen. Aufgezählt. Ein Zen-Meister würde Sie in etwa anherrschen: „Was Sie studieren oder arbeiten, was hat das denn mit Ihnen zu tun? Sie stehen jetzt hier vor mir! Nicht Ihr Studium. Nicht Ihre Arbeit! Sagen Sie mir sofort, wer es ist, der da in diesem Moment vor mir steht! Zeigen Sie mir Ihr Wesen"! Wahrscheinlich würden Sie stumm bleiben, wüssten nicht, was Sie noch sagen sollten und würden von ihm weggeschickt, um sich erneut der Frage „Wer bin ich?" zu widmen und beim nächsten Mal eine bessere Antwort geben zu können.

Wer erkennt, bleibt nicht stumm, auch wenn er keine Worte findet, denn seine Antwort kommt unmittelbar, ohne Trennung von Frage und Antwort, aus ihm. Aus seinem Wesen. Aus ihm selbst. Aus seinem Menschsein. Vielleicht eine Geste, ein Lachen, überschwängliche Worte oder eine Mimik, die dem Meister bei der Prüfung um Authentizität des Erkennens im sog. Dokusan deutet, dass dieser Mensch sein Wesen (Mu) geschaut hat. Die Wahrheit (Mu, Buddha) gesehen hat.

Indem Sie von dem leer werden, was Sie meinen (denken) zu sein, erkennen Sie Ihr Selbst (Wesensschau), sodass Ihre Meinung über sich eins ist mit dem, was Sie sind. Eigentlich eine ganz „einfache" Sache, denn Sie müssen sich ja „nur" an die eine Aufforderung halten, die da lautet: Werde leer von allen Dingen. Werde leer von allen Anhaftungen. Werde leer vom Denken, Fühlen und Wollen. Werde leer von deiner Vorstellung von Wahr oder Falsch. Aber die Umsetzung, d.h. die Fähigkeit zu besitzen, die liebgewordenen oder durch vielleicht schreckliche Erlebnisse erfahrenen Dinge auch tatsächlich loszulassen, ist alles andere als einfach, da diese eng mit Ihrem Ich verbunden[8] sind.

So ist das Edle, die Freiheit, die Schönheit der Schöpfung, in dieser Hinsicht nicht leicht zu finden. Doch gerade in dem Erwerben dieser Fähigkeit liegt das Wesen Buddhas (Gottes), denn er glaubt (meint) nicht, etwas Bestimmtes (Besonderes) zu sein, sondern ist einfach „nur": Authentisch, tatsächlich, wahrhaft, das dann das Besondere ist. Für ihn sind die Dinge, wie sie sind. Für Sie sind die Dinge, wie Sie sie durch Ihre (nicht-offenen) Augen sehen. Um aber mit „seinen" Augen zu sehen und damit zur absoluten Sicht zu gelangen, müssen Sie Buddha (Mu) erfahren, um selbst Buddha zu sein. Dann erkennen Sie auch, dass Sie die gesamte Welt in sich tragen. Dass Sie Außen und Innen sind. Unberechenbar (unkonventionell) und dennoch nicht verrückt, sondern verlässlich in Ihrer Menschlichkeit.

Aber leer werden von Denken, Fühlen und Wollen? Heißt das denn Sie sollen all diese nicht mehr „tun" und stumpf „durch die Gegend taumeln"? Nicht in diesem Sinne, denn es geht darum die Genannten in sich zu befreien. Zu öffnen. Zu überwinden. Aufzugeben, um zu erhalten. Sterben, um zu leben. Das Gefäß zu leeren, um die Möglichkeit des Auffüllens zu erhalten und damit „Platz" für Ihr Denken, Fühlen und Wollen zu schaffen.

---

8 Die Verbundenheit (der Dinge) ist Ihr Ich.

Durch diesen Wandel vom anhaftenden (mittragenden) zum einsseienden (leeren) Menschen, werden Sie nicht zum Depressiven, den jeder Gedanke schmerzt, der gefühlskalt und dessen Willen gelähmt ist, sondern zum lebendigen (reifen) Menschen, der der Welt nicht abgetrennt (gleichgültig) gegenübersteht, sondern eins mit ihr ist. Der in ihr und aus ihr ist und eingreift, indem er nicht eingreift (wu wei[9]). Der mit ihr fließt und seinen Widerstand und Zweifel gegen das Leben aufgibt. Den Zweifel vereint, sodass die Zwei die Eins ist (Überwindung des Dualismus).

Müssen Sie sich fürchten Ihr Wesen zu schauen? Nein, denn der Moment Ihres Erkennens ist das Wahrnehmen der Dinge, wie diese wirklich sind (Transzendenz). Eine wunderbare Wahrnehmung, von der eine Leichtigkeit, Freude, Stärke und Energie ausgeht, die Sie nicht für möglich gehalten hätten. Es ist, als wären Sie in diesem Moment „total verliebt" in das Leben. Es ist der Beginn des Bewusstwerdens Ihrer (absoluten) Freiheit.

In der Angst Dinge zu erkennen, die der Mensch nicht wahrhaben möchte, liegt die Aussage, dass nicht sein kann, was nicht sein darf. Das Leugnen der Wahrheit, weil diese einfach zu bitter wäre, um sie zu ertragen. So kann es für denjenigen, der in seinem bisherigen Leben an etwas glaubte, beispielsweise dass nur Geld zähle, sehr hart sein, wenn er in der Selbsterkenntnis diesen Glauben nicht mehr halten kann und sein gesamtes Leben in Frage gestellt sieht. Wer erkennt denn gerne, dass vielleicht alles, was er bisher vertreten, geglaubt und aufgebaut hat, nichtig ist? Auch wenn letzten Endes der Blick auf die Wahrheit heilsam und noch immer die Möglichkeit ist, von nun an, aus höherer Erkenntnis heraus, einen anderen Lebensweg einzuschlagen.

---

9 chin. „wu wei", jap. „mu-i", Das Ringen um Nichts (Mu).

Ein Verschließen der Augen vor der Wahrheit aber ist Selbstverleugnung. Ist die Missachtung der Schöpfung. Das Bestreiten der Dinge (Buddha). Doch auch die verständliche Angst Hässliches (Fremdes) in sich zu entdecken, sollte Sie nicht davon abhalten Ihr Wesen (Mu) zu schauen, denn die Wahrnehmung des Einsseins mit den Dingen (Buddha, Gott) ist eine „Belohnung", die das Hässliche in den Schatten stellt. Haben Sie also keine Angst die Frage „Wer bin ich?" zu stellen. Sie ist die edle Aufforderung „Wage zu wissen!"[10]

Folgen Sie dieser, so werden Sie mehr und mehr zur Wahrheit (Buddha) durchdringen und verwundert sein zu sehen, was Sie so alles mittragen. Wie sehr Sie Ihrem Erkennen im Wege stehen und sich begrenzen. Wie sehr Ihre Augen geschlossen sind. Gelingt Ihnen das Leerwerden, öffnen sich Ihre Augen und nichts (Mu) steht Ihnen mehr im Weg, sodass Ihnen Ihr grenzenloses Dasein bewusst wird und Sie die Verbundenheit aller Dinge wahrnehmen. Dann gibt es kein Subjekt und kein Objekt, kein Hier und kein Dort, kein Gut und kein Böse, kein Gestern und kein Morgen. Nur den Moment (der Erleuchtung). Ihre Antwort auf die Frage: „Wer bin ich?"

Sie sind dann den Weg zu sich gegangen. Sind sich Ihrer und des Anderen bewusst und haben das gefunden, auf das Sie vertrauen können. Das (tatsächliche) Selbstvertrauen, aus dem die Sicherheit Ihres Handelns entspringt, das gerecht und immer die Lösung ist. Sollten Sie dann gefragt werden, wer Sie sind, werden Sie nicht aufzählen, sondern eine Antwort geben, die Ihr Selbst (Wesen) ist. Die überzeugt, geglaubt und gehört wird. Die niemanden langweilt. Die niemand anzweifelt und Ihre Stärke, Freiheit und Ihr Erkennen offenbart. Sie werden das sagen, was Sie sind. Sie sind dann das Wort.

---

10 Horaz, röm. Dichter (65 – 8 v. Chr.), lat. „Sapere Aude"

Das Wesen der Dinge

Haben Sie die Frage „Wer bin ich?" beantwortet, so haben Sie Ihr Selbst (Mu) erkannt. Anders: Ihr Wesen, und damit das Wesen aller Dinge, geschaut. „Sie werden zum Meister aller Künste", schrieb Eugen Herriegel in „Zen in der Kunst des Bogenschießens".

Indem Sie die Dinge nicht mehr beurteilen, können Sie sie beurteilen. Indem Sie Gut oder Böse in deren Überwindung nicht mehr unterscheiden, können Sie unterscheiden. Sie beginnen weise zu werden und benötigen niemanden mehr, der Ihnen sagt, wo es im Leben lang zu gehen habe. Keinen „Experten". Keinen, der sich dafür hält oder dazu aufspielt. Niemanden, der Ihnen reinredet. Sie wissen es dann besser, ohne ein Besserwisser zu sein.

Das Erkennen Ihres Wesens ist das Erkennen des Wesens aller Dinge, da das Einssein die unmittelbare Wahrnehmung ist: Die Transzendenz. Das Durchdringen des Wesens. Die Verschmelzung mit den Dingen. Es ist die Wahrnehmung ohne Trennung in ein Hier und Dort. Ohne Trennung durch Ihre Gedanken, Wünsche, Meinungen, Ansichten, Urteile über das Ding.

Mit dem Erkennen des „Prinzips" Ihres Wesens erkennen Sie das „Prinzip" des einen Dinges. Sie wissen, was den Dingen inne ist, weil Sie das eine Ding sind. Sie wissen, was das Ding in sich ist und erkennen das Wesentliche. Die Wurzel. Dieses „Prinzip" befindet sich in allen Dingen. Im Kleinsten und Größten. In allen Formen und Nicht-Formen. In allen Gegenständen, Elementen, Theorien, Philosophien, Naturwissenschaften. In allen Menschen. In allen Lebewesen. Dieses Prinzip ist ohne Prinzip, da es jedem Ding inne ist, sodass es ein prinziploses Prinzip ist.

Sie erkennen sich in dem anderen Menschen. Erkennen, dass alle Menschen der „eine Mensch" sind. Anders ausgedrückt: Dass alle Menschen eins sind. Der Andere derselbe ist wie Sie. Vielleicht eine andere Sprache sprechend. Eine andere Hautfarbe. Hier eine Schwäche, dort eine Stärke. Aber alle Menschen bluten, weinen, lachen, lieben, hassen, leben, sterben, träumen, verzweifeln. Kurzum: Alle Menschen sind und streben durch dieses Dasein nach der Überwindung des Daseins, indem diese, wie auch Sie, Antworten auf ihr Leben geben müssen. Ob deren (absoluter) Maßstab dann Freiheit, Gott, Buddha, Wahrheit genannt wird, ist nicht wesentlich, da das Absolute aufgrund der Namenlosigkeit des Göttlichen alle und keinen Namen tragen kann. In diesem (edlen) Erkennen liegt u.a. die Überwindung des Rassismus.

So ist das Finden Ihres Wesens das Finden aller Dinge und die Beantwortung der Frage „Wer bin ich?" auch die Beantwortung der Frage „Wer bist du?" bzw. „Wer ist der Andere?". Hierin liegt die Beruhigung der gewaltigen Angst des Menschen vor dem Abgetrenntsein. Vor dem anders als der Andere zu sein. Weniger, gleich oder mehr zu sein. Sonderbar zu sein. Nicht dazuzugehören. Ausgeschlossen und verstoßen zu sein.

Sie werden erkennen, dass auch Sie nicht anders sind und dazugehören. Dass Sie niemand ausschließen kann. Dass Sie nicht verstoßen werden können. Dies ist Ihre Allmacht. Aber im selben Moment auch Ihre Ohnmacht, wenn Sie sich „enttäuscht und verbittert" von dieser Welt zurückziehen. Auch wenn Sie es in harten Zeiten nicht so wahrnehmen: Sie können nicht verloren gehen. Sie sind niemals verloren!

Die Richtung der Suche

Auf wen können Sie sich bei der Beantwortung der Frage „Wer bin ich?" verlassen? Auf sich oder auf den Anderen? Vielleicht sollten Sie folgendermaßen vorgehen: Sie haben zehn Bekannte und sagen zu jedem: „Ich möchte wissen, wer ich bin! Sag mir doch bitte, wer bin ich?"!

Sie fragen Ihren ersten Bekannten. Dieser sagt: „Du bist nett. Ich mag dich. Du hast mir damals bei meinem Umzug geholfen". Ihr zweiter Bekannter sagt: „Wer du bist? Kann ich dir sagen. Du bist ein Dummkopf! Du hast mich in der Schule nie abschreiben lassen". Der Dritte sagt: „Ich schätze dich als Kollegen. Privat könnte ich mit dir nicht viel anfangen". So gehen Ihre Befragungen weiter, bis Sie mit allen zehn durch sind.

Wissen Sie jetzt, wer Sie sind? Haben Sie durch diese Antworten Ihr Wesen geschaut? Sicherlich nicht, denn Sie haben nun zehn Meinungen (Ansichten), die bestimmt sind durch die jeweilige Erfahrung, die der einzelne Bekannte mit Ihnen machte. Vielleicht sind einige einander ähnlich. Vielleicht sind andere konträr.

Sie sagen sich „Also, zehn Bekannte sind zu wenig! Um herauszufinden, wer ich bin, muss ich mehr Bekannte fragen. Ich nehme jetzt hundert!" Die Befragung geht von vorne los, bis Sie beim Hundertsten angekommen sind. Sie haben jetzt ein feineres Ergebnis. Da sind schon einige Meinungen nahe beieinander. Da „machen wir doch eine schöne Tabelle" und stellen (statistische) Regeln auf, nach denen u.a. jede Meinung, die in etwa beieinander liegt, gebündelt wird. Vielleicht sagen 45 der 100 Bekannten „Der ist nett!", 20 sagen, „Den mag ich nicht!", 35 sagen „Ist mir egal!" Nach einer weiteren Regel zur Handhabung der Tabelle sagen Sie: „Die Mehrzahl gewinnt. Ich weiß jetzt, wer ich bin! Ich übernehme die Meinung der 45 Bekannten. Ich bin also ein netter Mensch!

Doch war diese Erhöhung der Weg Ihr Wesen zu finden? Sie haben jetzt immerhin hundert Meinungen (Ansichten, Urteile). Vielleicht müssten Sie nochmals die Zahl erhöhen? Auf tausend Bekannte. Hat jemand tausend Bekannte? Aber diese „aufzutreiben" ist sicherlich nicht das Wesentliche, sondern dass sich die Zahl der Befragten ständig erhöht und Sie in die Vielheit führt. Entgegengesetzt zum Einssein.

Der Weg in die Vielheit aber hat Ihnen nichts „gebracht", denn keiner konnte Ihre kurze Frage beantworten. Was diese Tausend Ihnen zur Antwort geben ist das, was der Psychoanalytiker Erich Fromm[11] mit der Aussage meinte, dass sich der Mensch hauptsächlich vom „Hörensagen" her kenne. Sie kennen mit den tausend Meinungen jetzt das, was diese Tausend über Sie sagten. Ihr Wesen (Mu) haben Sie damit nicht geschaut.

Sie verstehen sicherlich, dass auch eine Erhöhung auf sieben Milliarden Menschen der Weg in die falsche Richtung wäre. Sie hätten dann eben sieben Milliarden Meinungen. Aber niemand der gesamten Menschheit könnte Ihnen Ihre „einfache" Frage beantworten, denn Sie wollen ja keine Anhäufung von Meinungen, sondern einen Treffer ins Schwarze. Ins Mark. Ins Herz. Ins Wesen. Sie wollen erkennen und damit auch wissen. Sie wollen das Absolute und keine Vermutung. Sie wollen den, der den „Schatten wirft und nicht den Schatten"[12]. Den Ursprung. Kurzum: Sie wollen Gott (Buddha, Mu).

---

11 Erich Fromm (1900 – 1980), Psychoanalytiker und Sozialphilosoph

12 Rinzai Gigen, chin. Meister 9. Jh., „... ihr müßt den finden, der den Schatten wirft. Das ist der Ursprung aller Buddhas."

Da der Weg (Flucht) in die Vielheit und der „Drang nach mehr Informationen" Sie nicht zum Erfolg (zum Folgerichtigen) führt, müssen Sie den entgegengesetzten Weg gehen: Den Weg, der Eine zu sein. Der Eine sind Sie. Nur Sie können Ihr Wesen schauen. Niemand anderes kann das für Sie. Dies ist alleine Ihnen! Bezüglich dieser Beantwortung muss der Andere zurücktreten. Kein Einmischen von ihm ist hier möglich, da Gott (Buddha) von dem Einzelnen gefunden werden muss.

Wenn Sie aber der Einzige sind, der die Frage der Selbsterkenntnis beantworten kann, so stellt sich eine weitere: Können Sie sich denn auf sich verlassen oder „quatschen" Sie nur das nach, was Sie vom „Hörensagen" her kennen und das dann zu Ihrer Meinung wurde? Wie wollten Sie Ihr Wesen erkennen (schauen), wenn Sie „verdorben" sind: Manipuliert, konditioniert, erzogen, eingeschüchtert, stolz, durch all das, was Ihnen gesagt wurde, was Sie seien oder zu sein hätten und vielleicht auch als unabänderliche „Wahrheit" annehmen mussten, da ansonsten Ihr Leben für Sie unerträglich geworden wäre?

So können Sie, auch wenn nur Sie Ihr Wesen (Mu) schauen können, sich auf dem Weg dahin nicht einmal auf die Meinung, die Sie über sich haben, verlassen. Zur Beantwortung der Frage „Wer bin ich?" bedarf es daher der subjektiven Objektivität. Der Überwindung von Subjekt und Objekt. Um Ihr Wesen, welches in sich der überwundene Dualismus ist, zu erkennen, müssen Sie mit demselben Mittel, also ebenfalls einem überwundenen Dualismus suchen und finden und damit eine Kompatibilität schaffen, um sich wie der Eine auf das Andere hin zu bewegen. Ein subjektiv-objektives[13] Mittel

---

13 Jeder Mensch stellt in der Arbeit mit dem Kôan Mu dieselbe Frage nach Mu (Objektivität), muss jedoch seine ihn betreffenden Anhaftungen überwinden (Subjektivität).

ist das Kôan Mu, denn es geht im selben (einen) Moment zwei Wege.

Diese Bewegung auf Ihr Wesen zu, geschieht über die Dinge (Gedanken). Diese stehen Ihnen im Wege und weisen Sie dennoch (gerade durch das im Wegestehen) hin. Die Anhaftungen (Hörensagen) weisen und verdecken Ihnen im selben Moment den Weg. Behindern und führen Sie, sodass Sie die Freiheit über die Nicht-Freiheit erlangen, indem Sie im selben Moment das Eine und Andere tun und die Nicht-Antworten (Ihre bzw. die der Anderen) dazu nutzen, um Ihre Antwort zu finden. Die Dinge zu überwinden und Ihre Bedingungslosigkeit zu erkennen.

Haben Sie die Antwort (Mu) gefunden, können Sie der Meinung des Anderen in Ihrem sicheren Bewusstsein entgegentreten, „näher" an der Wahrheit, der Weisheit, der Menschlichkeit zu sein, „eher" im Sinne Buddhas (Gottes) zu handeln, auch wenn dieser Andere Sie „ausbuht". Sie erhalten Selbstsicherheit, Selbstachtung und Selbstvertrauen im Sinne dieser Worte. Sie handeln (selbst)verantwortlich, aus dem heraus es kein Verweisen auf Befehle, Gesetze, Moral, Regeln, Vorschriften oder Definitionen gibt. Es gilt dann nur: „Ich bin (hier)!" oder auch: „Hier(zu) stehe ich!"

Leerwerden

Leerwerden? Loslassen? Nicht anhaften? Hinter sich lassen? Gar kein Problem! Oder etwa doch? „Wirf deine Sorgen einfach über Bord! Denk doch einfach nicht mehr daran! Lass doch einfach mal los!" Aber ist es „so einfach" loszulassen und die gut gemeinten Ratschläge des Anderen zu befolgen?

Nein, denn das Leerwerden bedarf der Überwindung Ihres Verstandes (Ichs), der sich heftig dagegen wehrt und sich Ihnen, wo er nur kann, in den Weg stellt. Ständig versucht er Ihnen „klarzumachen", dass dieses Leerwerden doch Unsinn sei. Ständig mischt er sich ein und will Ihnen vorschreiben, dass Sie diesen oder jenen Gedanken, diese oder jene Meinung, dieses oder jenes Urteil, doch lieber behalten und aus diesem oder jenem Grund weiter mittragen sollten. Der Verstand möchte entscheiden, von was Sie sich zu trennen haben und von was nicht. Er will aussortieren, analysieren, unterteilen: In Gut oder Böse, Hier oder Dort, Schwarz oder Weiß und damit bestimmen, welcher Gedanke gefällt und welcher nicht. Welcher wichtig oder unwichtig ist und Rangordnungen erstellen. Der Verstand tut alles, um Ihnen die Sicht auf Ihr Wesen und damit auch Ihr Erkennen des Einsseins mit den Dingen zu versperren.

Folgen Sie ihm, indem Sie das, was er Ihnen über Gut oder Böse „erzählt" als verlässlich (gottgegeben) annehmen, führt er Sie nicht zu Ihrem Wesen, sondern in die Verstrickungen der dualen Welt, in der so viele Bedingungen (Umstände) herrschen, dass Sie sich nicht mehr frei bewegen können und Sie sich an allem und nichts „anstoßen".[14]

---

14 „Die Spitzen der Dinge pieksen Sie", vgl. „Die zehn Ochsenbilder des Kakuan Shien, Zen-Meister (12. Jh.), „Vorstellungen von Recht und Unrecht stehen gleich Dolchen auf"

Was ist der Verstand? Um diese Frage zu beantworten, bedarf es der Klärung der Frage des Ichs. Wen meinen Sie, wenn Sie sagen: „Ich gehe heute Abend ins Schwimmbad"? Das Ich ist all die Dinge, derer Sie in dem Moment des Ichsagens (oder Ichdenkens) anhaften. Diese Anhaftungen, die Sie als Gedanken wahrnehmen, gaukeln (täuschen) Ihnen das Vorhandensein eines Ichs vor. Anders ausgedrückt: Sie stehen in der Annahme eines Ichs nicht über den Dingen, indem Sie sich leer (ohne Narzissmus) in diesen wiederspiegeln (Transzendenz) und damit bedingungslos sind, sondern in einer „Opposition" zu den Dingen nach dem „Motto": „Ich bin hier, die Dinge sind dort."

Der Verstand ist in dem Sinne das mit den Dingen (Gott) konkurrierende Ich, indem er aus den wahrgenommenen Dingen heraus auch das Wesen dieser Dinge (Gott) verstehen will. Aus dem Wahrgenommenen Schlüsse zieht (Logik), Handeln ableitet und rechtfertigt. Kurzum: Der Verstand will Gott (Buddha) verstehen. Doch gerade darin trägt er seinen Namen zu Unrecht, denn er steht seiner eigenen Forderung im Weg und trennt von dem, was er fordert. Der Verstand versucht das zu verstehen, was nicht zu verstehen ist. In einem offenen System, einem systemlosen System, das Zen ist, das das Leben ist, das Ihr Wesen ist, das Mu (Gott, Buddha) ist, versagt der Verstand.

Geht es aber um ein abgeschlossenes System, beispielsweise um das Kleine Einmaleins, dann trägt der Verstand seinen Namen zu Recht, denn er versteht, dass in diesem 3 plus 4 gleich 7 ist. Er versteht auch, dass in diesem System 3 kleiner ist als 4 und 4 größer ist als 3, weil dies in diesem System so definiert (erklärt) wurde. Definiert heißt, in diesem System als „wahr" angenommen. In diesem abgeschlossenen System sind Definitionen klar vorgegeben. Hier kann der Verstand sich austoben, kann Rückschlüsse ziehen, mit den Definitionen in allen

Varianten spielen und vergleichen. Aber sowohl Rückschlüsse als auch „Verifizierung" sind nur weitere Ansichten. Sein Verstehen, dass 3 plus 4 gleich 7 ist, ist ebenfalls nur ein Anhaften an die Dinge. Würden Sie nach dem Wesen einer 3 oder einer 4 fragen, würde der Verstand nicht verstehen: „Das Wesen einer 3? Was soll das denn?" Dies gilt im selben Maße auch für die Struktur[15], das Plus und das Gleich, die wiederum nur ein Anhaften ist.

So ist der Name „Verstand" in dieser Hinsicht zu groß, denn wenn es heißt, der Mensch besitzt Verstand, dann ist damit weder das Gehen von A nach B gemeint, noch das Hantieren mit vorgefertigten Definitionen, sondern mehr: Es ist damit gemeint, wahrhaft zu erkennen. Erkennen, um frei zu sein. Um einen (absoluten) Maßstab zu besitzen. Eine Basis. Einen Ursprung. Einen verlässlichen Punkt, mit dem der Mensch die Welt bewegt (Archimedes). Kurzum: Der Mensch meint damit Gott (Buddha), auch wenn er ihn vielleicht nicht so benennt. Auch Kants[16] Begriff des Verstandes ist nicht der, der sich lediglich auf das abgeschlossene System beschränkt. Er wollte dem Menschen durch den Gebrauch des Verstandes die Freiheit weisen, indem er die Grundaussage „Habe Mut dich deines eigenen Verstandes zu bedienen!" formulierte.

Gott (Buddha, Mu) kann nicht definiert werden. Gott ist ohne Definition. Dies ist dann seine Definition, die aber keine ist. Niemand kann ihn festlegen. Das Göttliche (Mu) entzieht sich immer. Es kann nicht erklärt (deklariert) oder definiert werden. Somit bedarf es nicht des Mutes zu

---

15 Jemand fragte Meister Wenyan Yunmen (864 - 949): „Wie alt seid Ihr, Meister?" Der Meister antwortete „Sieben mal neun macht achtundsechzig." „Wieso sollte sieben mal neun achtundsechzig sein?" „Ich habe deinetwegen fünf Jahre abgezogen.", aus „Zen" von Stephan Schuhmacher

16 Immanuel Kant (1724 – 1804), deutscher Philosoph im Zeitalter der Aufklärung

verstehen, sondern des Mutes das Verstehen aufzugeben, um zu verstehen (erkennen). Des Mutes loszulassen, um zu erhalten. Des Mutes sich von Gott kein Bild zu machen, um (ihn) zu sehen. Des Mutes die Frage „Wer bin ich?" zu stellen, um den Anderen zu erkennen. Des Mutes zu zweifeln, um zu einen. Des Mutes „hineinzugehen, ohne zu zögern"[17].

Das Verbot des Fragens (Zweifelns) ist das Unrecht des Tyrannen, der keine Fragen (Zweifel) zulässt. Gott ist nicht dieser Tyrann, da er alle Fragen, auch die intimste nach dem Bestehen seiner Existenz zulässt. Zu erkennen aber gibt er sich Ihnen erst, wenn Sie am Fragen nicht mehr interessiert sind, die Frage zur Antwort wird und Sie damit das Fragen aufgeben. Dies ist nicht das blinde Übernehmen von „Glaube", denn der (wahre) Glaube an Gott ergibt sich erst durch die Überwindung der Frage (Zweifel) nach Gott. Haben Sie also keine Angst zu fragen (zweifeln). Gott „will" gefragt werden, bis der Zweifel an ihm überwunden ist, damit Ihr Glaube Halt erlangt, gefestigt und verlässlich ist. Ihre Verzweiflung endet, Sie Ruhe finden und leben, wie Sie leben, somit frei leben und ihn durch das Einssein mit ihm nicht mehr brauchen. Er damit seine Namenlosigkeit bewahrt. Alle Menschen seinen (Nicht-)Namen (an)rufen können. Seine „Adresse" finden, auch wenn sie seinen Namen nicht wissen.

Die Arbeit mit dem Kôan Mu erfüllt das erforderliche Zweifeln, indem es Sie ständig nach dem fragen lässt, was ohne Antwort ist und Sie so in dieser Verzweiflung einzig an Mu (Gott) festhalten können und sich so die Frage der Antwort mehr und mehr annähert, bis diese zur Antwort wird und damit Frage und Antwort überwindet. Sie sich verlieren, um sich zu finden. Dieser Weg, der ohne Anfang und Ende ist (und damit auch ohne Weg), ist das

---

17 Morihei Uyeshiba (1883 – 1969), Aikido-Begründer

Leerwerden. Das Heranziehen an Mu, um auf Mu konzentriert zu bleiben, ist die höchste „innere" Aktivität, die Sie erreichen können. Durch sie geschieht die Passivität des Fallenlassens. Des Nicht-Eingreifens. „Derart" Ihre Augen in der Müdigkeit „zufallen" und Sie diese nicht aktiv schließen. Innere Aktivität um Passivität zu erlangen, ist dualistischer Natur. Das Aktive im Passiven die Überwindung dieses Dualismus.

Diese Passivität ist dem „unwissenden Menschen" eher suspekt. Er verwechselt sie mit Faulheit, weil er keinen wirtschaftlichen Nutzen darin erkennt, wenn „jemand nur herumsitzt (Zazen) und in die Gegend starrt". Aber diese Passivität ist der Weg das Wesen (Selbst) zu erfahren, um Gott (Buddha) zu erfahren und steht somit jenseits wirtschaftlichen Nutzens, der im Angesicht des Göttlichen verblasst. Mit „jeder" verfeinerten Vereinigung (Wahrnehmen) von Erheben und Fallenlassen der Dinge (Gedanken) öffnen sich Ihre Augen. Werden Sie freier und mündiger und tun mehr und mehr das, was Ihnen entspricht. Was Sie sind und nicht, was der Andere für Sie möchte. Sie hören mit Ihren Ohren und sehen mit Ihren Augen und erreichen, was Kant im Sinn hatte, als er den Mut des Einzelnen anmahnte, um das blinde Annehmen des „absoluten" gottgleichen Monarchen abzulehnen.

Üben Sie sich in dem Leerwerden (Zazen), vertieft sich Zen in Ihnen und Sie erlernen (erfahren) die Fähigkeit des Loslassens. Sie erkennen dann in dem Abschmelzen Ihres Ichs, dass dieses nicht existiert und werden sich der Ichlosigkeit (Grenzenlosigkeit) auch bewusst. Ihr Egoismus nimmt ab, an dessen Stelle die Selbstlosigkeit tritt. Der Wandel vom „Kleinen Ich" des Egoistischen zum „Großen Ich" des Selbstlosen.

Mit dem Leerwerden nimmt dann auch Ihr Aufenthalt (Dasein) in abgeschlossenen, behüteten Systemen ab, und

Sie wagen sich mehr und mehr in das offene System des Lebens. Überschreiten Grenzen und brechen Tabus, die Ihrer (gott-) daseinsberechtigten Freiheit im Wege stehen. Ihre Lebendigkeit nimmt zu. Sie leben intensiver und weniger verstandesgemäß. Letzten Endes gibt es dann für Sie nichts (Mu) mehr zu verstehen, außer das(s)[18] Sie sind. Das Verstehen ist dann Ihr Dasein. Versteher und das zu Verstehende sind eins und „verschmelzen" (transzendieren) einander. Kein Mein und Dein, kein Besitz, außer der gesamten Welt (Schöpfung), unter der Sie dann sich verstehen.

Das zur Selbsterkenntnis führende Leerwerden ist Sache aller Menschen, da alle Menschen Halt suchen. Anders ausgedrückt: Alle das eine Ding sind. Denselben Gedanken (Gott) denken. Das Leerwerden ist somit keine „seltsame, exotische Art eines buddhistischen Asiaten in einem fernen Kloster". Kant, Descartes[19] und viele andere hatten dasselbe im Sinn wie die Zen-Meister. Das, was alle Menschen im Sinn haben: Mensch zu sein. Frei zu sein. Gott (Wahrheit) zu finden. Das Wesen der Dinge zu finden. Zu finden, „was die Welt im Innersten zusammenhält" (Goethe - „Faust"). Den Ursprung. Die Quelle. Alle diese sind dasselbe. Das eine Ding. Das (Ding) in sich.

---

18 „ … außer, dass und was Sie sind.", „Zen-Grammatik", Subjekt und Objekt sind eins.

19 René Descartes (1596 – 1650), franz. Philosoph, Mathematiker und Naturwissenschaftler - „Cogito Ergo Sum" - „Ich denke (zweifle), also bin ich"

Die Theorie des Kôan Mu

Was über das Kôan Mu geschrieben wurde, ist nicht das Wesentliche. Wichtig ist es, zu verstehen, dass Ihre Arbeit mit dem Kôan Mu, und damit Ihr eigenes Erfahren, mehr wert ist als theoretische Abhandlungen in Büchern, Internet etc., die Sie nur nachlesen. Auch dieses Kapitel dient (eher) dazu, Ihnen das Kôan Mu vorzustellen und „intellektuell" etwas näher zu bringen. Dieses Buch ist wenig, wenn Sie nicht erfahren. Wenig, aus dem dann aber wiederum alles entstehen kann, um sich überhaupt auf den Weg der Erfahrung zu begeben. Somit ist auch das Wenige nicht geringzuschätzen. Die Praxis des Kôan Mu finden Sie am Ende des Buches ab Seite 171.

Was ist ein Kôan? Ein Kôan ist ein paradoxes Rätsel, welches der Verstand nicht lösen kann und an dem er sich regelrecht seine „Zähne ausbeißt", bis er irgendwann „keine Lust mehr hat" und Ihnen in der Überwindung des Ichs (Verstand) die freie Sicht auf Ihr Wesen erlaubt. Das „herausragende" Kôan ist das Kôan Mu, was aber keinesfalls als eine Rangordnung anzusehen ist. Alle Kôan dienen demselben einen „Zweck": Dem Erkennen der Wahrheit (Mu).

Dass der Mensch eine so „seltsame", den Verstand überfordernde Größe Mu braucht, ergibt sich aus den im ersten Kapitel gestellten Fragen, aus denen die Suche nach etwas hervorgeht, das Halt gibt. Auf das Verlass ist. Das bleibend in der Veränderung ist. Das absolut ist und damit für alle Dinge gilt. Mu ist dieser Halt, wobei es zu verstehen (erkennen) gilt, dass Mu kein Modell ist, das sich „irgendein Mensch zurecht gebastelt (definiert)" hat. Auch keine „Erkenntnistheorie". Mu ist das Tatsächliche. Mu ist das, was ist (Gott, Buddha). Mu ist die Wirklichkeit, die

Wahrheit, das Dasein, die Existenz. Mu ist Theorie und Praxis. Mu ist der Meister, der die Hände bewegt[20].

So ist die Arbeit mit dem Kôan Mu Ihr ständiges Bestreben dem Erheben der Dinge (Gedanken) das Fallenlassen entgegensetzen, um den Gegensatz zu einen. Die Naht zwischen „Ja" oder „Nein" zu dem „Ja und Nein" zu schließen. Den „Riss" zu heilen. Eins zu sein. Dies geschieht, indem Sie in Ihrem Streben einzig an Mu festzuhalten, alle wahrgenommenen Dinge (Gedanken) an einen „Ort verschieben", der grenzenlos ist. Der niemals voll ist. Niemals die Fassung verliert. Immer in seiner Mitte ist. Der eine Kette durchbricht und schließt. Einen „Ort" weich und hart, biegsam und unbeugsam. Der alles erträgt, weil er nichts mitträgt und so die Dinge (Gedanken) dann das sind, was diese sind, Sie damit Gott (Mu) gegeben haben, was Gottes ist.

Streben Sie nach Mu, so dringen Sie mehr und mehr zu Ihrem Wesen vor. Sollten Sie dann in dieser Arbeit Mu (Gott, Buddha) für einen Moment schauen, dann hatten Sie für diesen Moment ein Erleuchtungserlebnis, d.h. für diesen haben Sie die Dinge (Gott, Buddha) so gesehen, wie diese sind. Ohne unterscheidendes Ich. Ohne Schlüsse ziehenden Verstand. Das Sehen war dann (einfach nur) das Sehen. Eine tolle Erfahrung! Aber keinesfalls gering zu schätzen ist, dass wenn Sie diesen Moment noch nicht erreichten, Ihr ständiges Bemühen (Ringen) um Mu von großer Bedeutung ist. Bleiben Sie auf diesem Weg, so werden Sie Mu schauen. Zeitvorgaben kann es nicht geben, denn Ihr Erkennen hängt von Ihrem (leidenden) Streben ab, etwas (Mu) zu finden, was Ihnen Halt gibt und eine Richtungslosigkeit in Ihrem Leben überwindet.

Das Schauen von Mu (Buddha) ist nicht das Ende, sondern ein (weitergehender) Neubeginn. Auch an einem

---

20 Kôan: „Wer ist der Meister, der die Hände bewegt?"

Erleuchtungserlebnis dürfen Sie nicht anhaften (festhalten). Wenn sich Zen in Ihnen vertieft, werden Sie mehr und mehr Erlebnisse dieser „Art" haben, bis Sie ständig Ihr Einssein mit den Dingen erkennen, ständig Mu (Gott, Buddha) schauen und damit ständig die Frage „Wer bin ich?" beantworten, auch in den Momenten, in denen der Andere erschrocken sagt: „Ich weiß auch nicht, was eben mit mir los war! So kenne ich mich gar nicht!"

Wie lautet nun das Kôan Mu, das Ihren Verstand in die Irre führt, um Ihnen den Weg zur Wahrheit zu weisen? Es lautet:

Ein Mönch fragte Jôshû in allem Ernst: „Hat ein Hund Buddha-Wesen oder nicht?" Jôshû versetzte: „Mu!"

Was soll denn das bedeuten? Und was ist Ihre Aufgabe bei dieser Arbeit? Ihre Aufgabe ist das Kôan in seinem gesamten Wesen zu erfassen. Eins mit dem Kôan zu werden. Wesentlich zu verstehen, was Jôshû meinte, als er „Mu" versetzte. Was meinte Jôshû mit Mu? Was ist Mu?

Ein Mönch fragt den großen Zen-Meister Jôshû, ob auch ein Hund von Buddha (Gott) beseelt sei. Ob Buddha auch in einem Hund wirke. Jôshû weiß aufgrund seiner Selbsterkenntnis, und dem damit verbundenen Erkennen des Wesens aller Dinge, dass alles Dasein Buddha ist und der Überwindung des Dualismus (Buddha) entspringt und gibt so eine Antwort, die auch den Dualismus überwindet, dem er durch die Frage des Mönchen ausgesetzt ist.

Der Dualismus liegt in dem Zusatz der Frage, in dem „ … oder nicht?". Der Mönch fragt: Hat der Hund Buddha-Wesen? Ja oder nein? Jôshû darf weder ein Ja noch ein Nein zur Antwort geben. Er muss den Dualismus „zerschlagen", um eine rechte Antwort zu geben und antwortet „Mu". Mu ist nicht Ja. Mu ist nicht Nein. Mu ist nicht Jein. Mu ist nicht einmal Mu, sodass Jôshû antwortet, ohne zu antworten und damit wie Gott antwortet, als dieser sagte: „Ich bin, der ich bin". Er nimmt, als er gibt. Anders: Buddha (Gott) antwortet durch Jôshû. Wiederum anders: Jôshû verweist auf die Existenz (Buddha).

So geht Jôshû mit seiner Antwort auf die Frage ein, indem er sie offen lässt und damit beantwortet. Anders ausgedrückt: Er beantwortet die Frage des Mönchen abschließend durch das Wort der offenen Weite. Sie ist damit eine wahre (existenz-übereinstimmende) Antwort und nur eine solche kann den Mönchen davon überzeugen vor einem erkennenden (freien) und damit verehrungswürdigen Meister zu stehen.

Das Wort „versetzen" unterstreicht die Unmittelbarkeit (Spontanität), die keine Trennung zwischen Frage und Antwort beinhaltet. Es gibt damit keine Frage und keine Antwort. Der Frager „Mönch" ist eins mit dem Antworter „Jôshû". Die Frage somit nicht gestellt („stellt sich nicht"), da es keine Antwort gibt. Grenzenlose Frage, grenzenlose Antwort. Weder Monolog, noch Dialog. Die Antwort Jôshûs, die dem Erkennen seines Wesens (Selbst) entstammt, löst die Frage des Mönchen ohne bedingenden, verzögernden, trennenden Verstand und kann deshalb so spontan sein, weil sie keiner Überlegung bedarf. Jôshû ist sich seiner sicher.

Arbeiten Sie mit dem Kôan Mu, sind auch Sie sich (dem Erkennen Ihres Wesens) sicher und öffnen Ihre Augen. Erwachen und sind Buddha selbst.

Buddhist?

Wenn Sie sich Zen widmen, indem Sie (beispielsweise) mit dem Kôan Mu arbeiten, um die Frage „Was ist Mu?" („Wer bin ich?") wesentlich zu beantworten, sind Sie dann „Buddhist"? Wenn ja, wollten Sie das denn überhaupt sein? Was macht Sie denn zum „Buddhisten"? Was wäre, wenn Sie „Christ" sind oder einer anderen Glaubensgemeinschaft angehören? Dürfen Sie sich denn dann überhaupt Zen widmen, oder würde dies gegen Ihren Glauben verstoßen?

An wen oder was glauben Sie? Was gibt Ihnen Halt? Vielleicht sagen Sie: „Ich glaube nur an mich und meinen Arbeitsplatz und dass mein Geld rechtzeitig auf mein Konto kommt, damit ich mich und meine Familie ernähren kann!"? Oder aber Sie sind Wissenschaftler und sagen: „Glaube? Gott? Gibt es ihn denn? Nur das, was ich zweifelsfrei wissenschaftlich beweisen kann, ist für mich von Interesse!"? Vielleicht sagen Sie auch: „Mit diesem Glauben, mit Kirche und Religion, möchte ich nichts zu tun haben. Im Namen derer wurde schon so viel Leid über die Menschen gebracht. Ich glaube an unser deutsches Grundgesetz. An unsere Vernunft!"? Möglicherweise sagen Sie: „An einen Gott glaube ich nicht, aber Werte sind mir wichtig!"? Welche Werte meinen Sie? Worauf gründen diese? Vielleicht haben Sie auch Ihren Glauben an einen Gott verloren, da Ihr Leben hart verlief und Sie enttäuscht wurden? Verfluchen Gott sogar, da er Ihnen in einer bitteren Zeit Ihres Lebens nicht beistand?

Was ist Glaube? Glaube ist die (erfahrene) Antwort auf die Frage: Was ist das Ding, das ich wahrnehme? Anders ausgedrückt: Ist das Ding, das ich sehe (wahrnehme), das, was ich sehe oder ist es ein anderes? Ihr Glaube ergibt sich somit aus dem Zweifel an dem Ding. Haben Sie diesen überwunden (geeint), wird Ihr Glaube zu Ihrem Wissen und damit zum gefestigten Glauben. Der Glaube wird zu Ihrem Dasein (Leben).

Diese Überwindung des Zweifels gelingt aber nicht etwa, indem Sie einfach sagen (erklären, definieren): „Das Ding, das ich wahrnehme, ist dieses und der Andere, der dieses nicht wie ich wahrnimmt, hat Unrecht. Nur meine Sicht der Dinge ist die einzig Richtige (Wahre)!" Das Ding ist, wie es ist. Dieses Dasein (als Dasein) gilt es von Ihnen zu finden (erfahren), um Ihren Glauben zu finden.

Da Gott (Buddha) das eine Ding in allen Dingen ist, sind alle Dinge geeignet zum zweifeln und in der Überwindung dieses Zweifels geeignet zum Finden des Glaubens (Gott). Alle Dinge sind somit religiös und haben ihren Ursprung und Bindung in dem einen Ding (Gott, Mu), sodass es außerhalb Gottes keine Religion geben kann. Da alle Dinge religiös sind, bedarf Gott (Glauben, Religion) keiner besonderen Erwähnung, da er nicht sonder[21] ist. Er „ja immer da ist" und Sie umgibt. Kurzum: Die gesamte Schöpfung ist Gott (Religion, Glauben). Anders ausgedrückt: Die Schöpfung ist die Schöpfung. Alles Leben (in) der Schöpfung (Vielfalt) entspringt dem einen Ding. Kein Leben ist das gleiche. Jeder Mensch lebt ein anderes, das dem selben Einen (Gedanken, Glauben) entspringt.

Der Mensch, der sagt, er glaube „nur an sich", findet (erfährt) in der Beantwortung der Frage, wen er mit „sich" meint, das eine leere, namenlose Ding (Mu, Gott) und beantwortet durch sein Finden die Frage der Selbsterkenntnis. Er glaubt an die Einigkeit von Geben und Nehmen, somit an die Vereinigung zweier Zustände, die Gott (Buddha) ist, indem er für seine Arbeit den

---

21 sonder: Buddha (Gott) hat kein (im „Sinne" von Mu) Interesse an seiner Heiligkeit, da sie sein Dasein ist. Seine Heiligkeit ist normal (selbstverständlich), sodass sie keiner „besonderen" Erwähnung bedarf. Seine Heiligkeit ist namenlos (begrifflos): Buddha ist Buddha. Er hat keine Sonderstellung. Seine „Sonderstellung" ist Buddha.

entsprechenden Lohn erwartet, durch den er sich (und seine Familie) ernährt.

Der Glaube des Wissenschaftlers ist das Erforschen des Dinges, um das Ding zu verstehen (wissen). Kommt er diesem Verständnis so nahe er sein kann, so versteht er, dass das Ding (selbst) das Verständnis ist. Dass das Ding der Boden (Grund[22]) des Dinges ist[23]. Dass die allgemeingültige Gesetzmäßigkeit des Dinges die Frage „Wer bin ich?" und damit die subjektive Objektivität in einem systemlosen System ist. Objektivität nicht ohne Subjektivität (vice versa) stattfindet und es so keinen von dem einzelnen Menschen losgelösten Beweis des Dinges (Gottesbeweis) gibt. Das Schaffen absoluter (Forschungs)Bedingungen somit nur in der Unendlichkeit (Gott, Transzendenz) möglich ist, in der Subjektivität und Objektivität überwunden (aufgehoben) sind und das Ding, da es dann nur das Ding ist, unverfälscht (rein) ist. Das Ding verstanden (erforscht) ist, ohne dass es einen Verstehenden gibt und so das Verstehen (Forschen) weder von dem Einen noch dem Anderen beeinflusst ist. Sich das Ding erhebt, ohne dass es einen Erhebenden[24] gibt.

Der Mensch, der an das „Grundgesetz und die Vernunft glaubt" und mit „Gott wenig anfangen kann" glaubt an das rechte Handeln des Menschen, das Vernunft ist. Sie steht

---

22 Der Grund des Dinges ist Gott. „Grund" im Sinne von Boden und Ursache. Das Ding verursacht (bedingt) sich selbst.

23 Werner Heisenberg (1901 – 1976), Physiker - „Der erste Trunk aus dem Becher der Naturwissenschaft macht atheistisch. Aber auf dem Grund des Bechers wartet Gott."

24 Mu erhebt sich aus Mu. Da Mu ohne Subjekt und Objekt ist bzw. das „ohne" Subjekt und Objekt ist, stellt sich die Frage, wer die Dinge anhebt (erhebt, bewegt)? Ob die Dinge eine „Eigenmasse" besitzen? In dem Selbstverständnis der Dinge, stellt sich dann die Frage: Wie schwer ist Mu? Wird diese Frage beantwortet, so findet der Antwortende sein Dasein (Existenz).

im direkten Bezug (Transzendenz) zu den Dingen (Gott, Schöpfung) und ist die Achtung der Wahrheit und das Gegenteil von Ignoranz. Sie ist keine Sache des Egoismus, sondern steht im Dienste des Einen und Anderen, damit allen und ist selbstlose Demokratie. Letzten Endes der Staat, der sich überflüssig (transzendent) macht. Sich nicht aufspielt. Dessen Staatsvertreter ihr Mandat nicht im „Sinne der Partei", sondern einzig im Sinne des Menschsein ausüben. Der Mensch, der die in Artikel 1 des Grundgesetzes erwähnte „Würde" findet, findet Gott, da Gott die Würde und Gott würdig ist. Das Wesensfundament beider Begriffe dasselbe ist.

Der Mensch, der sagt „An einen Gott glaube ich nicht, aber Werte sind mir wichtig!", wird feststellen, dass die Werte, die er (für sich) aufstellt, einen allgemeingültigen, d.h. absoluten Maßstab (Basis) benötigen, da er ansonsten willkürlich (beliebig) handelt. Beruht dieser Maßstab jedoch auf (verstandesgemäßer) Logik, ist das Handeln starr und unbeweglich und wird dem offenen (fließenden) Leben nicht gerecht. Der Mensch wird sich von seinen (eigenen) Werten eingeengt wahrnehmen und den anderen Menschen einengen. Das „Gefühl" haben etwas zu verpassen und nicht „wirklich" zu leben. Sollen Ihre Werte dem Leben entsprechen, fußen sie auf den Dingen (Wahrheit, Gott). Ob Sie diese Basis dann Gott, Buddha oder Wahrheit nennen, ist unerheblich.

Aber besteht überhaupt die Möglichkeit nicht an (einen) Gott zu glauben? Zwar ist eine solche Aussage („sprachtechnisch") möglich, besitzt sie aber auch ein entsprechendes Wesensfundament? Kann der Mensch (tatsächlich) Atheist sein? Der Glaube des Atheisten ist seine Verneinung (der Existenz) von Gott. Gott aber kann in seiner Existenz-Übereinstimmung nicht verneint werden, da er ist, der er ist. Wird er verneint, ist er der, der er nicht ist. Das „ist" bleibt so und so bestehen, sodass Gott (nicht) gefasst (erfasst) werden kann. Ein Mensch kann demnach kein Atheist[25] sein, da Gott das „Ja und Nein" ist. Es liegt nicht in dem Ermessen des Menschen, auch wenn er sich „Atheist" nennt. Der Begriff des „Atheisten" ist ohne (existenz-übereinstimmendes) Wesensfundament und damit eine Aussage, die keine Bindung zur Wahrheit (Gott) besitzt. Gott (Mu) ist unzweifelhaft.

Können Sie Ihren Glauben an Gott, der die Dinge ist, verlieren? Nicht in diesem Sinne, denn wenn Sie ihn verlieren, bleiben Sie dennoch durch die Verlorenheit mit den Dingen (Schöpfung) verbunden. Diese sind immer (wieder) für Sie da, da Sie immer von diesen umgeben sind, um wiederum den Zweifel an den Dingen zu überwinden und Ihren Glauben (wieder) zu finden. Durch Ihre Meinung, dass Sie von den Dingen getäuscht (vergaukelt) wurden, die aufgrund des vorgegaukelten Ichs durchaus in Ihrem Leben entstehen kann und damit wertfrei ist, sind Ihnen die Dinge nicht bewusst. Dieses Nicht-Bewusstsein ist Ihre „Verlorenheit" und verdeckt Ihnen die Sicht auf Gott (Mu). Sie können (in) Gott nicht verloren gehen.

Der Mensch, der Gott verflucht, strebt in seiner Verzweiflung, aus der sein Verfluchen hervorgeht, ebenso nach Gott, da er die Einigung (Heilung) der Verzweiflung ist. Gott aber kann nicht verflucht werden. Da er namenlos ist, nimmt er alle und keine Worte des Verfluchens an. Da er leer ist, haften an ihm keine Flüche. Anders: Die Worte des Verfluchens treffen ihn nicht, da Gott (Mu) ohne Ich (grenzenlos) ist.

Aufgrund der Selbigkeit des Glaubens aller genannten Menschen ist Glaube nicht vergleichbar. Eine Bewertung

---

25 Dies gilt nicht, wenn der Atheist sich auf einen falschen, d.h. nicht-existenz-übereinstimmenden „Gottesbegriff" bezieht. Er tut dann recht sich Atheist zu nennen, weil er nicht an das Falsche glaubt, sodass seine Verneinung dann mit dem Verneinten übereinstimmt.

des Glaubens nur in der Wertigkeit Mu (Wertigkeit Gott) möglich. Der andere Mensch kann demnach gläubiger (erkennender) sein als Sie. Den Dingen näher sein. Der Wahrheit näher sein. Lebendiger sein als Sie und die Schöpfung mehr achten. Aber: All diese (relativen) Steigerungsformen finden in der (absoluten) Wertigkeit Mu nicht statt, d.h. nahe ist nahe, näher ist näher. Anders ausgedrückt: Gott (Mu) ist von Gott durch Gott entfernt. Der Ungläubige aufgrund seines Unglaubens der Gläubige. Der Fehler aufgrund des Fehlers das Richtige. Die Nicht-Chance aufgrund der Nicht-Chance die Chance.[26] Der Erhöhte aufgrund seiner Erhöhung der Nicht-Erhöhte. Heilig ohne[27] Heiligkeit.

Ihr Glauben (Leben) ist nicht an einen Namen (Bezeichnung) gebunden, da der Glaubensbegründende (Gott, Mu) leer ist. Kein Name dem leeren Wesensfundament gerecht wird. Gott (Mu) sich nicht benennt und in seiner Namenlosigkeit doch alle Namen auf (in) sich vereint. Alle Namen und Bezeichnungen, die Sie auswählen, bevorzugen, gefragt oder ungefragt übernehmen, sei es der des Katholiken, Protestanten, Buddhisten, Atheisten, Wissenschaftlers etc., münden in dem Einen (Gott, Buddha). Dieser Eine ist die göttliche Instanz, welchen Namen sie auch immer trägt.

Dieser Instanz entsprechen Sie, wenn Sie durch Ihr Erkennen (Erfahren) die „Eigenschaften" des Göttlichen annehmen und durch diese Annahme in dessen „Sinne" leben. Missbrauchen Sie die Schöpfung als „Christ", entzieht sich Christus (im (Nicht-)Abstand Christus). Missbrauchen Sie die Schöpfung als „Buddhist", entzieht sich Buddha (im (Nicht-)Abstand Buddha). Missbrauchen Sie die Wahrheit, entzieht sich die Wahrheit (im

---

26 „Du hast keine Chance. Nutze sie!"

27 „Ohne" ist Mu, sodass das „ohne" die Bindung ist.

(Nicht-)Abstand der Wahrheit), sodass die Unwahrheit auf die Wahrheit verweist und auch der Verweis Wahrheit und Unwahrheit ist. Die Leere (Mu) ist nicht interessiert an Missbrauch (Gewalt). Handeln Sie unter den genannten Namen, ohne dass dieses Handeln auf der Namenlosigkeit der Leere beruht und damit gewaltlos ist, ist der Name nichtig, und Ihre Anhängerschaft besteht nur formal. Nicht in Ihrem Dasein, sodass Ihr Leben und Ihr Glaube dann voneinander getrennt sind. Sie nicht leben, was Sie glauben und nicht glauben, was Sie leben. Sie sich zwar „Christ" oder „Buddhist" nennen, doch diese (Namens)Bezeichnung nicht durch das entsprechende göttliche Wesensfundament (wahrhaft) gedeckt ist.

Damit aber Ihr Leben Glauben ist und Ihr Glaube lebendig, haften Sie nicht an den Dingen. Gehen Sie weder links noch rechts. Wandeln Sie auf Messers Schneide, um mit den Dingen eins zu sein und diese zum Leben zu erwecken. Über dieses Einssein finden Sie keine Worte (Begriffe). Namen und Bezeichnungen verschwinden (transzendieren). Sie sind dann Anhänger des Nicht-Anzuhängenden. „Anhänger" der Leere (Wahrheit). Anders ausgedrückt: Der Mensch ist der Mensch. Verena ist Verena. Artur ist Artur. Wiederum anders ausgedrückt: Das Verhältnis von Verena zu Gott (Mu) ist Verena. Das von Artur zu Gott ist Artur. Ein „höchstpersönliches" Verhältnis, dessen Bindung die namenlose Transzendenz ist.

Wenn Sie sich Zen widmen, widmen Sie sich dem, der da ist. Dem, der den höchsten Namen (Gottes) trägt, indem er (den) Namen überwunden hat. Das sollte genügen, da mehr als Gott (Mu) nicht geht. Gott (Mu) die extreme Mitte ist. Die Mitte der Extreme. Er ist Messers Schneide. Sie können auf diesem Weg nicht schaden. Weder Ihnen, noch dem Anderen. Sie dienen dann Ihrer Wahrhaftigkeit.

Glauben an die Wahrheit. An die Wahrung der Schöpfung. Dies ist niemals falsch.

Zufriedenheit

Ist Zufriedenheit gebunden an Reichtum, Jugend, Gesundheit und Schönheit? Nein! Ist Unzufriedenheit gebunden an Armut, Alter, Krankheit und Hässlichkeit? Nein! Zufriedenheit ist nicht gebunden an die Dinge, sondern ergibt sich aus Ihrem Umgang mit den Dingen. Dem Verhältnis zur Schöpfung. Nehmen Sie die Dinge wahr, wie sie sind, leben Sie in Frieden mit dem Guten und Bösen und akzeptieren diese Duale des Lebens, aus der sich die Tiefe Ihres Daseins ergibt, das nicht an der Oberfläche bleibt. Diese Akzeptanz der Dinge ist keine von Ihnen willentlich einzunehmende, sich abgerungene Haltung, sondern geschieht aus Ihrer Fähigkeit des Leerwerdens, die Sie die Dinge unverfälscht (transzendent) erkennen lässt.

Diese Fähigkeit besitzen Sie somit nicht etwa, weil Sie der Meinung sind, dass Sie können, sondern Sie können tatsächlich. Sie ist Ihre Stärke, aus der heraus Sie sich nicht über- oder unterschätzen und keine „falschen" Versprechungen machen. Sie bestimmt auch die Grenzen Ihrer Akzeptanz bis hin zur Grenzenlosigkeit, in der Sie jedes Geschehen akzeptieren (überwinden) können. Die Dinge (Umstände) Sie nicht mehr bedingen, sondern Sie „über" diesen stehen. Ursache und Wirkung eins (aufgehoben) sind. Diese Grenzenlosigkeit geschieht nur in der Transzendenz (Einssein), dem Verschmelzen mit den Dingen, da Sie in ihr keine Form annehmen, wohingegen im Unfrieden weder Sie noch die Dinge sein können, wie (S)ie sind und Umstände (Bedingungen, Probleme) entstehen. Die Grenzen- und Formlosigkeit bedeutet nicht, dass Sie tun können, was Sie „wollen", sondern Sie tun das, was Sie tun. Dieses Tun haben Sie dann auch gewollt, sodass es absichtslos ist und auf Ihr Selbst (Mu) abzielt. Es ist auch Ihr Dürfen, das von Dankbarkeit getragen ist, auch wenn Ihnen in schweren Zeiten nicht danach ist, dankbar zu sein.

Akzeptanz ist Ihr wesentliches Verstehen, dass die Dinge, wie sie auch immer sein mögen, Schöpfung und damit als seinsgegeben (gottgegeben) anzuerkennen und nicht zu leugnen sind. Sie sich mit (I)ihnen identifizieren. Dieses wesentliche Verstehen der Dinge ist das Gegenteil von Weglaufen, Ignorieren, Schönreden, Herabwürdigen und erlaubt Ihnen die Veränderung der (akzeptierten) Dinge auf der Basis der Wahrheit (Gott, Mu). Nicht auf einem Trugschluss, sondern einem tragfähigen Fundament, indem die Akzeptanz bereits die Veränderung ist.

Ist Ihnen elend zumute, so ist Ihre Haltung nicht: „Alles ist Mist, und es geht mir elend, aber ich tue einfach so, als würde es mir nichts ausmachen!" Sie verschließen Ihre Augen nicht gegenüber Ihrem Elend. Beschönigen nicht, relativieren nicht, jammern nicht, verleugnen nicht und setzen weder ein schönes Gesicht auf, um zu verbergen, noch ziehen Sie ein langes Gesicht, um aufmerksam zu machen. Ihr Elend ist mühelos, auch wenn Sie sich mies fühlen. Dieses Bekennen (Erkennen), gegenüber sich und dem Anderen, fällt Ihnen leichter, wenn sich Zen in Ihnen vertieft, da Zen Ihren Stolz (Ego) überwindet. Sie sich nicht zu schade sind, den anderen Menschen um Hilfe zu bitten. Sie sind offen zu sich und dem Anderen und können in jedem Moment in den Spiegel schauen. Jedes Urteil, Kritik oder Diagnose annehmen. Die „Beurteilung" der Genannten liegt bei den Dingen (Mu, Gott). Sie ist das hoffende Streben in Richtung des Optimums (Gott, Mu), dessen Ausgang niemand (Mu) kennen kann, da nur der Weg der Mitte garantiert folgerichtig[28] ist und zu dem Erwünschten (Friede, Mu) führt. Kurzum: Sie sind optimistisch. Dieses Bekennen (Eingestehen) ist auch das

---

28 siehe Kapitel „Der Kreisweg der Existenz" über Pi

Erkennen Ihres Mangels und damit bereits die Veränderung zu dessen Überwinden. Sie wissen, was Sie brauchen. Was Ihnen fehlt.

Dieses wesentliche Wissen führt Sie zu dem Leben, das Ihnen entspricht, indem von Ihnen: Die Dinge verlassen werden, die Ihnen nicht erlauben zu sein (wie Sie sind). Die Dinge aufgesucht werden, die Ihnen erlauben zu sein (wie Sie sind). Die Dinge angenommen werden, die nicht verlassen werden können. Die Dinge nicht aufgesucht werden, die nicht aufgesucht werden können. Verlassen und Aufsuchen ist dieselbe Richtung (Gott, Mu) und geschieht ohne Regel, ohne Plan, ohne Mühe, ohne Disziplin, ohne Absicht, ohne Willen, unmittelbar. Eins nach dem Anderen, das das Eine ist. Das Fortschreiten, indem Sie dort hingehen, wo Sie (eben) hingehen: Sie verlassen Ihren Partner, wenn Sie ihn verlassen. Verlassen Ihre Einsamkeit, wenn Sie sie verlassen. Verlassen Ihren Arbeitsplatz, wenn Sie ihn verlassen. Verlassen Ihre Arbeitslosigkeit, wenn Sie sie verlassen. Verlassen Ihre Krankheit, wenn Sie sie verlassen (was das Aufsuchen Ihrer Gesundheit ist). Etc.

Dies ist keine Beliebigkeit, sondern Verlassen und Aufsuchen findet seine (moralische) Berechtigung (Basis) in Ihrem Erkennen von Mu (Gott), was auch die Unterscheidung ist, was verlassen und aufgesucht werden kann. Diese Unterscheidung ist ohne Bewegung (ohne (Entscheidungs)Weg) und dennoch die Veränderung. Ein „Eingriff" in die Schöpfung, der im Frieden der Dinge „erlaubt" und somit kein Eingriff (wu wei) ist. Ein (berechtigtes) Geschehen im Sinne der Schöpfung.

Warum aber ohne Plan und ohne Regel? In Ihrer Leerheit erkennen Sie (mehr und mehr), dass der Plan Gott (Mu) ist. Dass die Regel Gott (Mu) ist. Dass in Ihrem Bestreben existenz-übereinstimmend zu sein, demnach Ihren wahrhaften „Platz" in der Schöpfung zu finden und sich in ihr zu entfalten, bereits der Plan und die Regel liegt, den und die der logische Verstand nicht verstehen kann. Die Entfaltung der Plan und die Regel ist, nach dem und der das Wachstum des Lebens stattfindet. Stellen Sie jedoch verstandesgemäß, und somit unter Beteiligung Ihres (egoistischen) Ichs, das das Erkennen des wahren Problems verhindert, einen Plan oder eine Regel auf, so steht gerade dieser dem göttlichen Plan (bzw. Regel) im Wege. Kurzum: „Eigentlich" müssten Sie jetzt in diesem Moment (Situation) das dem Moment Entsprechende tun, doch Sie halten sich an eine Regel, die Sie in einem vergangenen Moment aufstellten und behindern damit Ihre momentane Entfaltung, indem Sie das jetzt Benötigte nicht erkennen. Anders ausgedrückt: Gott (Mu), der das Leben ist und damit auch „Experte in Sachen Leben" und „am meisten Plan davon hat", führt Sie durch die Dinge (Schöpfung) bzw. zu den Dingen, auch wenn Ihnen diese Führung nicht (immer) „klar" ist („Gottes Wege sind unergründlich").

So gilt es zu verstehen, dass jede Regel und jeder Plan in jedem Moment durchbrochen werden kann, wenn Sie in Ihrer ständigen Veränderung (Entfaltung, Fortschreiten) zu veränderter (höherer) Erkenntnis kommen, sodass weder ein Plan noch eine Regel Sie fesseln kann. Sie immer frei sind. Demnach: Was ist der Plan? Was Sie tun, ist der Plan. Was ist die Regel? Was Sie tun, ist die Regel. Es gibt keine Diskrepanz zwischen Ihrem Plan und Ihrem Tun. Nur in Ihrer Leerheit ist Ihr Planen bereits Realität in dem Moment des Planens. Nur in Ihrem leeren Dasein ist bereits alles geregelt, da Gott (Mu) die Regel ist. Ist bereits „alles klar", da Sie Mensch sind. So können Sie Zufriedenheit nicht planen. Nur zufrieden sein.

Die Zufriedenheit (Glück) geschieht. Sie ist das Einzige in Ihrem Leben, was sich lohnt, erreicht zu werden. Anders ausgedrückt: Sie erreichen im Frieden das ziellose Ziel: Das Ziel Mu.

Das ziellose Ziel

Alle reden davon, dass der Mensch Ziele im Leben haben solle. Etwas erreichen solle. Etwas werden solle. Auch viele Bücher und Zeitschriften schreiben darüber. Wie Sie sich Ziele setzen und erreichen. Wie Sie glücklicher, schöner, besser, erfolgreicher, beliebter werden können.

Aber sind denn die Ziele, die Sie sich setzen, gerechte Ziele? Oder sind es egoistische, die Ihnen und dem Anderen schaden? Entsprechen Ihnen die von Ihnen „geglaubten" Ziele? Steht Ihre Zielscheibe am „rechten" Platz? Oder sind es die Ziele des Anderen und Sie nur der Meinung, dass es die Ihren seien? Kurzum: Zeigt Ihr Dasein in die richtige Richtung? In die der Schöpfung (Mu)?

Das ziellose Ziel ist: Das Ziel ist der Anfang. Das Ziel ist der Weg. Das Ziel ist das Ende. Anfang, Weg und Ende sind eins, sodass das Ziel keinen Anfang, Weg oder Ende besitzt. Es hat somit weder begonnen, noch wurde es gegangen und fand auch kein Ende. Es ist ziellos. Ohne Weg. Es zielt auf die Lebendigkeit der Schöpfung. Auf die Dinge, die Sie und der Andere sind. Indem Sie sich erkennen, erkennen Sie die Dinge, die Sie brauchen und die zu Ihnen gehören, die Ihnen entsprechen, zu denen Sie eine Bindung haben, die für Sie wichtig sind und die Dinge, die für Sie unnötig (Ballast) sind.

Diesen Dingen „rennen" Sie nicht hinterher, sondern begegnen oder begegnen diesen nicht auf Ihrem (Nicht-)Weg der Mitte. Das Eine und Andere ist für Sie akzeptabel. Es ist somit keine Entscheidung für oder wider die Dinge, sondern das „Zerschlagen" (Überwinden) von Für und Wider ist die Entscheidung, aus der Ihr Umgang mit den Dingen geschieht. Sie strengen sich nicht an, setzen keine Disziplin und keinen Willen ein, sodass Sie durch diese Absichtslosigkeit (Nicht-Wille) das Besondere überwinden und das ziellose Ziel mühelos in Ihr (Alltags)Leben integrieren, da ja Ihr Leben das Ziel ist. So gilt es nicht zu sagen, Sie hätten keine Zeit zum Erreichen des Ziels Mu, denn: Was Sie tun, ist die Zeit. Was Sie tun, ist der Weg. Was Sie tun, ist Ihr „Kampf" (Mühe, Disziplin) für das Ziel. Ihre Zeit ergibt sich. Es ist (wie) Ein- und Ausatmen. Es ist Leben. Normal. Das ziellose Ziel versteht sich von selbst.

So haben Sie das (ziellose) Ziel in jedem Moment erreicht, da Ihr Leben in jedem Moment beginnt und endet und es somit nichts (Mu) zu erreichen gibt. Das Leben umsonst ist. Sie immer ankommen und weggehen. Was soll es also heißen, wenn jemand zu Ihnen sagt, dass Sie etwas werden sollen? Sie sind doch schon geworden. Sie sind doch schon frei. Sie sind doch schon das Ziel.

Da Sie nichts (Mu) erreichen, regenerieren Sie und nutzen nicht ab, steigen keine Leiter (Berg) hinauf und keine herab. Es gilt nicht die Aussage: „Von nun an kann es nur noch bergauf oder bergab gehen". Kein Scheitern und damit keine Enttäuschung. Weder regen[29] Sie sich auf noch ab (Gleichmut). Es ist Ihr Tun in Ruhe. Ihr Mitfließen mit dem Leben, aus dem sich Ihr Weg ergibt.

Somit gibt es dann auch kein Zurück zum Anfang, das so viel Kraft kostet und auch kein Scheitern kurz vor der Ziellinie, da das ziellose Ziel nicht endet. Sie, auch wenn Sie den Entschluss fassen „Morgen geht es los! Morgen fange ich an!", bereits mittendrin sind. Dieses Mittendrin ist der Weg, der Anfang und auch das Ende, in dem es kein Verschieben auf Morgen gibt, sondern nur das Tun (Handeln) des Moments, zu dem Sie sich bereits

---

29 Im Aufregen sind Sie bereits im Abregen. Anders ausgedrückt: Sie regen sich auf, wenn Sie sich aufregen. Sie regen sich ab, wenn Sie sich abregen, sodass Auf- und Abregen ohne (Ihre) Mühe ist.

„entschieden", als das eine Ding (Gott, Mu) Sie bewusst werden ließ.

Dieser (Nicht-)Weg des ziellosen Ziels ist nicht beliebig. Es ist der eine Weg in allen, der die Bindung zu den Dingen (Gott, Buddha, Mu) behält. So bedeutet das Ziel Mu keine Faulheit, Trägheit, Desinteresse, Teilnahmslosigkeit, Depression, da „es ja eh nichts zu erreichen gibt", sondern es ist gerade Ihr (tiefes) Interesse an den Dingen. An der Schöpfung. An Ihnen, aus dem heraus Sie sich nicht vernachlässigen (Selbstachtung). Auch keine Faulheit, da es (Ihr) höchstmögliches Handeln ist.

Mit dem Bemühen um (verfeinerte) Existenz-Übereinstimmung (Wahrhaftigkeit) durch das Abschmelzen des Ichs verändert sich der (absichtslos) Zielende und das Ziel. Es ist: Kein ich hier, dort das Ziel, sondern aufgrund des Einsseins von Hier und Dort verändert sich das Eine mit dem Anderen. Zen rückt die Duale aufgrund Ihres Leerwerdens in eine Balance (Mitte) und findet die Konstellation (Kombination) der Harmonie (Universalschlüssel). Es ist nicht: „Dieses Ziel muss (um jeden Preis) erreicht werden", sondern Zen „prüft" ob dieses gewaltlos (ichlos) und damit wirklich Ihr Ziel ist. Ist es das nicht, verändert Zen Ihr Ziel hin zu Ihrer (mühelosen) Akzeptanz. Dies ist kein (relativer) Kompromiss, sondern das Ihnen im Moment (absolut) Mögliche. Das, was „jetzt drin" ist.

Diese Veränderung des (geglaubten) Ziels durch die in der Abschmelzung gewonnenen neuen Erkenntnisse (Eindrücke) kann wehtun. Es ist der Schmerz des noch vorhandenen Ichs, das eine solche nicht zulassen möchte, da es glaubt, nur im Erreichen Zufriedenheit (Befriedigung) zu finden. So wird in der angestrebten Überwindung Ihres Ichs kein Ziel aktiv von Ihnen aufgegeben, sondern Sie sind an dem „geglaubten" Ziel nicht mehr interessiert und können es tatsächlich aufgeben. Ihr Ziel fällt (passiv) von Ihnen ab. Es ist nicht mehr in Ihnen. Ihr Weg, der das Ziel ist, ist ein anderer. Vielleicht nicht das „Ziel", das Sie „eigentlich wollten", sondern der direkte Weg zur Zufriedenheit. Und wollen denn nicht alle Menschen ein zufriedenes Leben?

In religiösen Worten ausgedrückt ist das Ziel Mu: Gott (Buddha) ist Anfang, Weg und Ende. Er ist der Kreis, der sich schließt, um zum Ausgangspunkt (Ursprung) zurückzukehren. Mit jedem Hingehen auf dem Kreisweg kehren Sie zurück und initiieren sich. Regenerieren von dem Anderen. Wie das Schlagen des Herzens: Schlag, Nicht-Schlag. Sie kommen von Gott und gehen zu Gott. Die Spanne zwischen Kommen und Gehen ist der Moment Ihres Lebens und Sterbens. Sie sterben im Leben. Vice versa. Heute ist Ihr erster und letzter Tag. Auch morgen ist Ihr erster und letzter Tag. Es ist Ihr Leben (Dasein) im Moment.

Die Veränderung Ihres Lebens kann nur über Gott (Dinge) geschehen, d.h. in jedem Moment Ihrer Veränderung, die auch das Belassen ist, ist Gott anwesend (involviert) und Zeuge (Beweis) Ihres Tuns. Ohne Gott (Mu) geht somit nichts (Gott, Mu). Er „prüft" in Ihrem Einssein mit ihm, ob Ihr Ziel der Schöpfung (Gott) entspricht. Entspricht es ihr nicht, verändert Gott Ihr Ziel, um Ihnen das zu geben, was Ihnen entspricht. Steht Ihnen „Gott" auf dem Weg zu Gott (Buddha) im Weg und „stört" Ihr Einssein, „töten" Sie „Gott". „Töten" Sie Ihre Meinung über Gott, um sich kein Bild von ihm zu machen, da ihm keines gerecht werden kann. Werden Sie leer von Gott, um ihn im Einssein zu erhalten (erkennen).

Je „mehr" sich Zen in Ihnen vertieft, desto „mehr" können Sie den (Nicht-)Weg des ziellosen Ziels gehen. Dieser ist nicht egoistisch und geht damit nicht zu Lasten des

Anderen, auch wenn dieser Sie für Ihre berechtigte Veränderung (vielleicht) beneiden sollte. Sie ist dessen Chance zum Überwinden seiner Unzufriedenheit, da auch ihm der Friede (Gott) ungeteilt (absolut) gehören kann.

Was also bedeutet „Nutze den Tag" (Horaz: „Carpe Diem")? Bedeutet es Stress und Hetze? Einen Tag voller Termine? Nein! Was Sie tun, ist der Tag. Was geschieht, ist der Tag. Was geschieht, ist der Nutzen (Ertrag). Was geschieht ist leer und damit ohne Nutzen. Es ist das, was ist: Viele Termine, dann viele. Keine, dann keine. Können Sie somit mehr aus dem Tag „herausholen"? Nein! Sind Sie leer, so sind Sie eins. Dann haben Sie alles (Mu) „herausgeholt". Nämlich nichts (Mu). Mehr als eins (Gott, Mu) geht nicht.

Der Kreisweg der Existenz

All das, was ist, sind die Dinge, die sind. All dies ist Existenz (Dasein) und von überwunden dualistischer Natur, d.h. Existenz lebt und stirbt, erhebt sich und fällt, beginnt und endet im selben Moment. Existenz ist somit das Leben im Sterben, das Erheben im Fallen, der Anfang im Ende. Kurzum: Existenz ist das eine Ding, das im selben Moment das andere Ding ist. Da es das eine Ding ist, ist Existenz absolut und könnte den Namen Gott (Buddha, Allah), Wahrheit oder Dasein tragen.

Existenz anschaulich darzustellen gelingt (vielleicht) am ehesten durch einen Kreis, wie eine runde Uhr, in der die Null und die Zwölf denselben Platz einnehmen.

Null
Zwölf

Statt der Null und Zwölf stehen Alpha (Anfang) und Omega (Ende) an deren Stelle. Diese sind lediglich duale Begriffe und bezeichnen das Eine und Andere im selben Moment, sodass statt dieser auch Yin und Yang, Gut und Böse, Schwarz und Weiß etc. stehen könnte.

Alpha
Omega

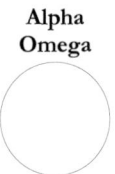

Der Kreisweg von Alpha bis Omega (wie der Zeiger einer Uhr von Null bis Zwölf) ist der Abstand, den es zu überwinden gilt. Wird bei Omega angekommen, ist der Dualismus von Alpha und Omega überwunden.

Diese Überwindung des Dualismus zeigt sich auch in der Aussage „Ich bin, der ich bin!" Der (Nicht-)Antwort Gottes gegenüber Moses in der Bibel auf dessen Frage, wer er (Gott) sei. Was sein Name sei.

Worin liegt in dieser der (überwundene) Dualismus? Angenommen Sie stehen wie Mose vor Gott und fragen ihn nach seinem Namen (Existenz). Fragen: Wer bist du?[30] Gott beginnt zu sprechen und sagt: „Ich bin ..." Sie hören dessen einleitenden Worte und spitzen die Ohren, warten gespannt auf die Ergänzung. Auf einen „richtigen" Namen. Doch zu Ihrer „Enttäuschung" ergänzt Gott seinen begonnenen Satz mit „ ..., der ich bin!" Ihre Ohren senken sich. Der gesamte Augenblick (Moment) der Antwort war, lustig ausgedrückt, das Spitzen und Senken der Ohren, ernster ausgedrückt, das Erwarten und Enttäuschtwerden. Die Benennung ohne Benennung.

Gott nennt keinen Namen, sondern verweist auf das, was ist. Auf das (Da)Sein. Auf die Existenz und lässt den fragenden Menschen unbedingt[31] (ungefragt) zurück. Unverändert verändert. Genauso „dumm und schlau" als

---

30 „Gibt es dich?" bzw. „Existierst du?" oder auch „Bist du real?", 2. Buch Mose, 3.14

vorher und doch ist das Vorher das Nachher. Gott wiederholt das, was schon gesagt wurde, aber diese Wiederholung ist dasselbe[32], sodass es keine Wiederholung ist, sondern das neue Alte (Erneuerung, Regenerierung) und in dieser Aussage Sein und Nicht-Sein, die Überwindung des Dualismus, enthalten, aber auf den ersten Blick (vielleicht) nicht einfach erkennbar ist.

„Wo" ist (der göttliche) Buddha in dem Kreis? Auf dem Hinweg den Rückweg zu gehen, sodass zwei Zustände (Hin und Rück) im selben Moment ein Zustand sind, ist Buddha. Anders: Mit dem Gehen des Kreisweges von Alpha nach Omega alles (eine Runde) und dennoch nichts zu erreichen, da der Gehende am Ziel (Ende) doch wieder am Anfang steht, ist die Überwindung des Dualismus von Alles und Nichts. Von Anfang (Alpha) und Ende (Omega).

„Befindet" sich denn auch (der göttliche) Allah in dem Kreis? Die Basis (Wesen) des Islam ist die Kernaussage: Es gibt keinen Gott außer Gott. Sie ist eine absolute Aussage, die verdeutlicht, dass Gott nur durch Gott ersetzt werden kann. Somit ist er der Einzigartige, nicht der Beliebige. Nicht der Ähnliche oder Scheinbare und damit durch niemand Anderen zu ersetzen, als durch sein (ihn) Selbst. Nur durch Dasselbe, nicht das Gleiche. Der Ersatz durch Dasselbe aber ist kein Ersatz, sondern das Fortbestehen des Einen, sodass die Kernaussage dasselbe (absolute) Wesensfundament der Aussage „Ich bin, der ich bin!" besitzt. Oberste Maxime aller, die dieser Kernaussage folgen, ist demnach „auch hier" (der Verweis auf) die Existenz. Auf die Wahrheit. Auf das, was (tatsächlich) ist.

---

31 Gott spiegelt (leer, Mu) zurück, kein Narzissmus ist möglich, (Ebenbild Gottes), Antlitz Mu

32 Bibel, Johannes 1,3 „Alle Dinge sind durch dasselbe gemacht, und ohne dasselbe ist nichts gemacht, was gemacht ist".

So mag das Göttliche (Absolute) unterschiedliche Namen tragen, doch „meint" (ist) immer das eine Ding, das im selben Moment das andere Ding ist. Kurzum: Das Göttliche ist die Existenz. Anders: Gott ist[33] (existent).

Der Abstand von Alpha bis Omega ist Ihr Ich (Ego). Die Länge Ihres Ichs. Ihr Abstand zu sich. Ist der Kreis groß und damit auch der Kreisweg lange, so sind Sie egoistisch und sich fremd. Innerlich zerrissen (verzweifelt, dualistisch, widersprüchlich).

Haften Sie weder an die eine noch an die andere Duale an, so gehen Sie den Weg der Mitte. Den Weg des (namenlosen) Göttlichen. Den existenzübereinstimmenden (wahren) Weg. Sie werden leer und der Kreis wird kleiner.

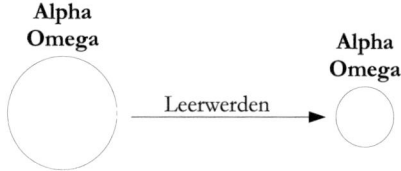

Gelingt es Ihnen durch Ihr ständiges Bemühen um Mu, beispielsweise durch Ihre Arbeit mit dem Kôan Mu, „so" leer zu werden, dass der Kreis zu einem verschwindenden Punkt wird, so gibt es in Ihnen keinen dualistischen Kreisweg mehr, und es gilt dann: Alpha ist Omega ist Kreisweg. Anders ausgedrückt: Der Weg ist (bereits) das Ziel.

Siehe Abbildung 1, Seite 65

---

33 „Ich bin der Seiende", griechisches Altes Testament

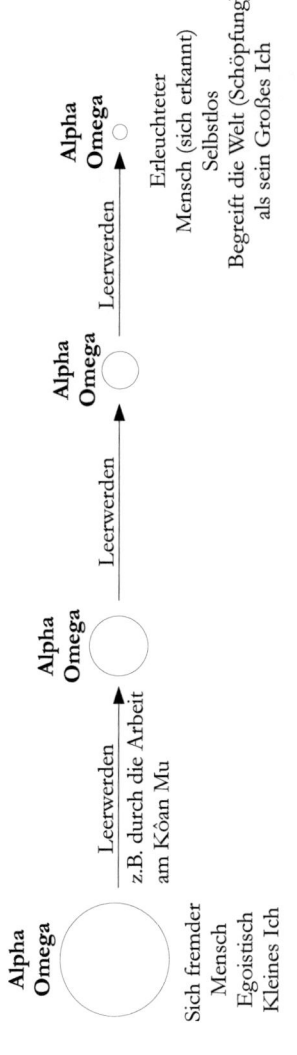

Alpha Omega

Sich fremder Mensch
Egoistisch
Kleines Ich

Leerwerden
z.B. durch die Arbeit
am Kôan Mu

Alpha Omega

Leerwerden

Alpha Omega

Leerwerden

Alpha Omega

Erleuchteter
Mensch (sich erkannt)
Selbstlos
Begreift die Welt (Schöpfung)
als sein Großes Ich

Alpha ist Alpha und Omega ist
Omega und im selben Moment
ist Alpha Omega und Omega
ist Alpha

Abbildung 1

65

Der Mensch, dem dies gelungen ist, hat sich damit gewandelt vom Egoistischen zum Selbstlosen. Vom Widersprüchlichen zum Einigen. Stünden die dualen Begriffe „Mein und Dein" an diesem Kreis, so ist für diesen Menschen dann Mein Dein, und Dein ist Mein.[34], sodass er sich nicht als ein getrenntes Einzelwesen wahrnimmt, sondern sich in dem anderen Menschen erkennt. Da er dann auch kein „Ich" oder „Du" mehr kennt, versteht dieser selbstlose (erleuchtete) Mensch unter „sich" die Schöpfung. „Will" er das Beste für „sich", so meint er damit das Beste für die Schöpfung, die „auch" er ist. Sagt er „Ich", so meint er damit all das, was ist (Gott), sodass Gott durch ihn wirkt. Für ihn gilt tatsächlich: Wenn jeder an sich denkt, ist an alle gedacht.

Würde der große Kreis aufgrund des langen Entfremdungsweges von Alpha nach Omega (Gott) als Teufelskreis (Nicht-Gotteskreis) bezeichnet, so gelingt der Ausbruch durch die Verkleinerung des Kreises in der Überwindung des Ichs. Dem Leerwerden Ihrer Meinung von Gut oder Böse, Hier oder Dort, Schwarz oder Weiß etc.

Der (Überwindungs-)Weg von Alpha nach Omega ist der Moment. Er ist die „Zeit", die Sie benötigen, um das Ding wahrzunehmen und die das Ding benötigt, Sie wahrzunehmen. „Kennen" die meisten (buddhistisch interessierten) Menschen zwar die dualen Begriffe „Yin und Yang", so gilt es zu verstehen, dass jedes Ding im Moment der Wahrnehmung mit Ihnen die Duale bildet und Sie so die Harmonie mit dem Ding erlangen können. Die Duale den Begriff (Namen) des Dinges annehmen und dadurch das prinziplose Prinzip von „Yin und Yang"

---

34 Besser ausgedrückt: „Mein ist Dein, und Dein ist Mein, und im selben Moment ist Mein Mein und Dein Dein". Anders ausgedrückt: „Ich bin Du, und Du bist Ich, und im selben Moment bin Ich Ich, und Du bist Du".

verwirklicht ist. Gehen Sie beispielsweise in die Küche und sehen auf dem Tisch eine Kaffeetasse stehen, so ergeben sich die Duale „Sie und Kaffeetasse". Anders ausgedrückt: (Sie) hier und (die Kaffeetasse) dort.

Sie
Kaffeetasse

Sind Sie von Ihrer Meinung (Urteil, Gedanke) über die Kaffeetasse leer geworden, sodass in Ihnen kein begriffliches Denken mehr stattfindet, mit dem Sie das (wahrgenommene) Ding verfälschen, so ergibt sich:

Sie
Kaffeetasse
○

Sie sind eins mit der Kaffeetasse (Harmonie). Zwischen Ihnen und der Kaffeetasse gibt es keinen Entfremdungs- oder Verfälschungsweg. Sie transzendieren die Kaffeetasse. Sie sind die Kaffeetasse und erkennen die Wahrheit über das Ding (Kaffeetasse).

Das Wesen des Dinges. Sie erkennen auch, dass die Tasse nur zusammen mit Ihnen, und vice versa, existiert. Dass Sie mit ihr verbunden sind über den Weg des Nicht-Weges. Die Tasse erhebt sich direkt in Ihnen.

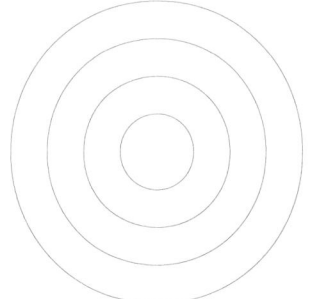

Sie
Kaffeetasse
Sie
Kaffeetasse
Sie
etc.

Sie „umarmen" die Kaffeetasse, die Sie „umarmt", die die Kaffeetasse „umarmt", die Sie „umarmt" (bis in die Unendlichkeit) und erhalten ein „Bild" ähnlich eines Steines, der ins Wasser geworfen wird und von dem sich Wellen ausbreiten. Anders ausgedrückt: Ist Ihr Ich abgeschmolzen[35], so ist Erde und Himmel Ihr „Ich" und die Kaffeetasse ist dessen Inhalt (Interesse), und im selben Moment beinhaltet (interessiert) die Kaffeetasse Erde und Himmel[36].

---

35 mit den Dingen verschmolzen

36 Anmerkung: „Derartige Aussagen" zu verstehen, sollte nicht Ihre Sorge sein. Gelingt Ihnen das Nicht-Anhaften an die Dinge, wird Ihr Dasein zum Verstehen (Erkennen), sodass Sie das Ding verstehen, weil Sie das Ding sind. Sie verstehen „sich selbst" und damit alle Dinge. Ihre Weisheit wächst mit dem „Grad" Ihres Leerwerdens aus Ihnen heraus. Die Dinge sind Ihr „Lehrer", sodass dieser „Lehrer" Sie nichts Falsches lehrt, sondern mit der Realität (Wahrheit) übereinstimmt und Sie unmittelbar (Transzendenz) von (aus) den Dingen lernen ohne einen

All das, was existiert (und damit alle Dinge, die Sie wahrnehmen), muss aus der Natur der Sache (Existenz) durch diesen Kreisweg der Existenz, ob dieser „lange" oder verschwindend „kurz" ist. Alles muss den Weg von Alpha nach Omega zurücklegen. Dieser Weg ist Ihre geschehende Freiheit („Zeit", Moment) in den offenen Grenzen Gottes, die Alpha und Omega sind, das Unlebendige zum Lebendigen zu wandeln. Gewalt in Nicht-Gewalt zu transformieren.

Werden Sie beispielsweise (gewalttätig) beleidigt, so ergibt sich:

Sie
Beleidigung

Auf dem Kreisweg von „Sie bis Beleidigung" (bzw. Alpha bis Omega) machen Sie sich Gedanken über die Beleidigung: „Warum hat der Andere das gesagt, was soll ich entgegnen, wie hat er das gemeint, ich fühle mich mies, das bekommt er zurück etc."

(trennenden) Vermittler.

Sie haften der Beleidigung an. Ihr Ich wurde von dieser getroffen bzw. machte das Ausgesprochene erst zu der Beleidigung. Gab ihr überhaupt erst die Möglichkeit Beleidigung zu sein. Als eine solche zu existieren. Ärgern Sie sich drei Tage lang über sie, so haften Sie ihr drei Tage an. Bemerken Sie am vierten Tag, dass Sie die Beleidigung nicht mehr interessiert, so ist sie bei Omega angekommen und von Ihnen überwunden. Sie sind von ihr regeneriert. Haben diese verdaut. Als ein egoistischer Mensch können Sie die Beleidigung nicht bereits im Hören fallenlassen (vergessen), sondern müssen sich, da Sie konditioniert sind, auf dem gesamten Kreisweg über diese Ihre Gedanken machen, durch die Sie gefesselt sind.

Trifft die Beleidigung jedoch auf Sie als einen selbstlosen (erleuchteten) Menschen, so ergibt sich aufgrund des verschwindend kurzen (Ich-)Kreisweges:

Sie
Beleidigung
○

Die Beleidigung kann Sie nicht finden (treffen). Sie findet keinen „fruchtbaren Boden", um als eine solche zu existieren. Sie vergessen die Beleidigung bereits im Hören.

Transzendieren sie und sind für sie leicht zu durchdringen (transzendieren). Ihre Regenerations-„Zeit", demnach der Moment, in dem Sie die Beleidigung nicht „mehr" interessiert, ist unmittelbar, da Sie eins mit ihr sind. (Selbst) die Beleidigung sind. Sie erhebt sich aus (in) Ihnen. Da Sie nicht an der Beleidigung anhaften, fällt („perlt") diese unmittelbar von Ihnen ab, sodass es in Ihnen kein Hin oder Her (Verzweiflung) gibt. Sie handlungsfähig (daseinsfähig) bleiben und von der Beleidigung nicht konditioniert (relativiert, bedingt) sind. Sie bleiben absolut (resolut) und ruhen in Alpha und Omega (Gott). Sind standhaft. Ausbalanciert durch (die Harmonie von) Alpha und Omega.

Zen hilft Ihnen so durch die Überwindung Ihres Ichs den täglichen „Angriffen" des Alltags gewaltlos zu begegnen. Dies ist kein willentliches Hinnehmen, das dann Gewalt gegenüber Ihnen wäre. Es mag sein, dass Sie auf die Beleidigung schweigen (Nicht-Handeln), es mag sein, dass Sie entgegnen (Handeln). Schweigen Sie, so schweigt Mu (Gott), entgegnen Sie, so entgegnet Mu (Gott). Nicht-Handeln ist Handeln, sodass auch Ihr Schweigen die gerechten Worte sein können. Wenn Sie schweigen, so war es gerecht zu schweigen, wenn Sie entgegnen, so war es gerecht zu entgegnen, da Ihre moralische Basis Alpha und Omega (Gott) ist. Anders ausgedrückt: Je „mehr" Sie leerwerden und Ihren (Ich-)Kreisweg verringern, desto „weniger" können Sie verletzt werden und vergrößern doch Ihre Sensibilität. Sie „bauen" eine transzendente (leicht zu durchdringende[37]) Nicht-Mauer um sich auf. Kurzum: Dort, wo Sie sind, gibt es keine Gewalt.

---

37 Lao Tzu (Laotse, chin. Philosoph, 6. Jh. v. Chr.) „Wer eine Leere machen könnte aus sich selbst, leicht zu durchdringen für die anderen, wäre Meister aller Situationen.", aus „Der Weg des Aikido", André Nocquet

Den Kreisweg der Existenz wesentlich zu verstehen (erkennen), ist auch Ihr Verstehen der Vorgänge um Ihre kreisenden Gedanken, wenn Sie nicht schlafen können und nicht zur Ruhe kommen. Ist Ihr Kreisweg lange, so gibt das Eine das Andere. Alpha stößt Omega an, um Alpha anzustoßen, sodass das Eine das Andere bedingt. Ist er jedoch abgeschmolzen, so gibt Alpha an Omega „nur" Mu (Nichts) weiter, sodass keine Bedingung und kein Kreisweg zum Sammeln von „Weitergebendem" stattfand. Der Kreis (Alpha und Omega) ruht. Religiös ausgedrückt: Sie ruhen in Gott (Alpha und Omega). Je „mehr" es Ihnen gelingt Ihren (Ich-)Kreisweg hin zum verschwindenden Punkt abzuschmelzen, desto „mehr" werden Sie auch „im bitteren Sturm" schlafen können.

Aus dem Moment, der der Kreisweg von Alpha nach Omega ist, ergibt sich das absolute „Zeitmanagement": Das „Carpe Diem" von Horaz („Nutze den Tag"). Dieses ist das Dasein „zur rechten Zeit am rechten Ort". Ort und Zeit stimmen (mehr und mehr) überein, wenn Ihr Kreisweg abschmilzt, sodass der Ort (Alpha) die Zeit (Omega) ist. Ihr Dasein der Moment ist. Dies ist das edle, doch in Sprache und Schrift inflationär verwendete Wort vom „Hier und Jetzt". Je kleiner Ihr Kreis wird, umso weniger werden Sie die Zeit Ihres Lebens vergeuden, sondern recht nutzen. Letzten Endes bedeutet es, dass nur der Moment Gottes (Alpha und Omega) die rechte Zeit ist.

Dieser Moment des rechten Daseins ist all das, was Sie aus der Zeit „herausholen" können. Er ist treffender (effektiver) als das sogenannte Zeitmanagement eines Stephen Covey oder Lothar Seiwert[38], das vor allem bei Managern und Geschäftsleuten Verwendung findet, denn das Erforschen des im Menschsein liegenden Ziels

---

38 Stephen Covey, us-amerik. Buchautor der Themen Effektivität und Zeitmanagement, Lothar Seiwert, deutscher Buchautor, Zeit- und Lebensmanagement

(Bestimmung) findet in dem Ringen um Mu in der höchstmöglichen (absoluten) Tiefe statt. Dieses ist dann das gerechte Ziel, das nur in der Selbstlosigkeit erfahren werden kann, eben da nur in dieser der Kreisweg nicht existiert und damit Ort und Zeit ein(e)s sind. Das gefundene Ziel dann auch kein egoistisches ist, dessen Erreichen eine nicht erstrebenswerte Zeitverschwendung wäre. In dieser Selbstlosigkeit sind Sie das (ziellose) Ziel, indem es zwischen Ihnen und dem Ziel (Gott) keine Trennung gibt. Sie tun, was Sie tun zur rechten Zeit am rechten Ort und erreichen (sind) beides beständig. Sie treffen (zielen[39]) immer auf „sich".

Siehe Abbildung 2, Seite 74

In dem zum Punkt verschwindenden Alpha und Omega (Gott) gelten keine (relativen) physikalischen Gesetze (Phasenverschiebung, Proportionalität[40]). „Ruhen" Zeit und Ort. Beide sind transzendiert. Anders ausgedrückt: Sie sammeln auf dem anzustrebenden kleiner werdenden Kreisweg keine Zeit (und keinen Ort) an. Verbrauchen sich nicht. Regenerieren. Bleiben „jung".

---

39 s.a. „Herriegel „Zen in der Kunst des Bogenschießens", „treffen" sowohl im Sinne von „begegnen" als auch „abzielen (anvisieren)"

40 Mu ist proportional zu Mu, Mu ist die sich verändernde Proportionalitätskonstante, Mu ist bleibend in der Veränderung (Mu ruht in der Zeit).

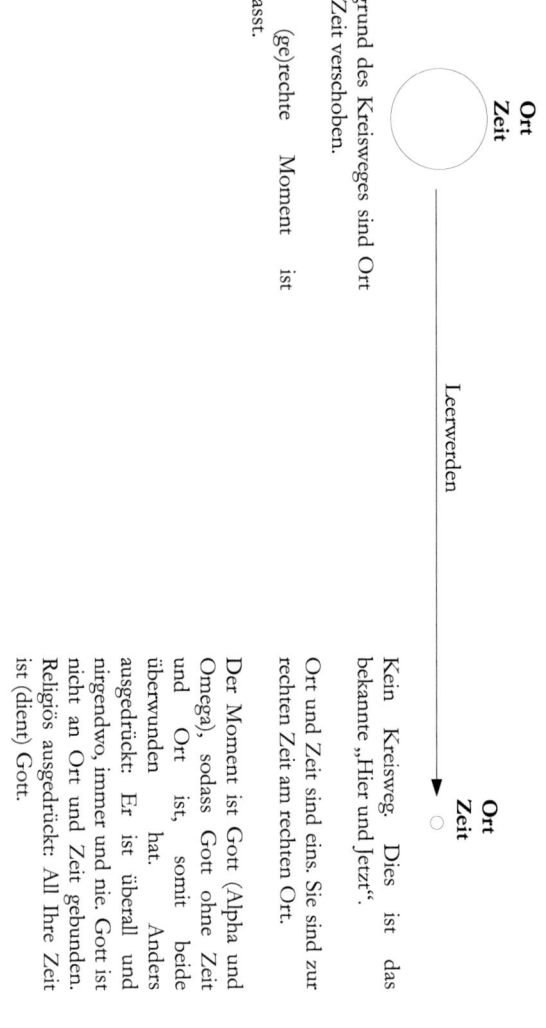

**Ort
Zeit**

Aufgrund des Kreisweges sind Ort und Zeit verschoben.

Der (ge)rechte Moment ist verpasst.

Leerwerden

**Ort
Zeit**

Kein Kreisweg. Dies ist das bekannte „Hier und Jetzt".

Ort und Zeit sind eins. Sie sind zur rechten Zeit am rechten Ort.

Der Moment ist Gott (Alpha und Omega), sodass Gott ohne Zeit und Ort ist, somit beide überwunden hat. Anders ausgedrückt: Er ist überall und nirgendwo, immer und nie. Gott ist nicht an Ort und Zeit gebunden. Religiös ausgedrückt: All Ihre Zeit ist (dient) Gott.

Abbildung 2

„Wollte" der Mensch der „Ewigkeit entfliehen" und nicht wiedergeboren werden, so „sollte" er im Leben sterben[41]. „Sollte" Alpha und Omega (ver)einen, sodass kein neuer Anfang (Alpha, neuer Lebensmoment) „angestoßen" (bedingt) wird. Keine neue Lebenszeit (Kreisweg) entsteht. Würde eine „moralische" Bewertung des Daseins vorgenommen, so würde es lauten: Du wirst so oft wiedergeboren[42], bis du „kapierst". Bis du (die Schöpfung) verstehst. Und wenn es tausende Leben dauert. Du wirst so lange Lebenserfahrungen machen, bis du erkennst. Hast du das Eine (Alpha) und Andere (Omega) erkannt, so hast du Alles (Mu) erfahren und es gibt für dich Nichts (Mu) „mehr" zu tun (leben, durchleiden). Dann wirst du ohne Anfang (Alpha) und Ende (Omega) sein und ewig leben. Deine Überwindung der Ewigkeit wird das ewige Dasein (Ewigkeit) sein[43]. Religiös ausgedrückt: Der Mensch existiert um Gott (Buddha) zu finden. Findet er ihn, erhält er das ewige Leben.

Aus dem Kreis der Existenz ergibt sich in einer „(hinweisenden) Anspielung" auf Jesus Christus als Menschen um des Menschen Willen, und damit als den göttlichen Menschen, die Möglichkeit des folgenden Gedankens: Der (wahre) Mensch, der zu dem Einen (Hohen) und Anderen (Niedrigen) geht, niemanden ausschließt, und in dieser Vereinigung zum Leben wird,

---

41 mystischer Tod des Ichs durch das Leerwerden, Zen-Meister Bunan (17. Jh.): „Stirb, solange du lebst, und sei völlig erloschen, dann tu, was du willst, und alles ist gut".

42 so lange Leben leben

43 Bokushû, der in der zweiten Hälfte des neunten Jahrhunderts lebte, wurde einst gefragt: Jeden Tag müssen wir uns ankleiden und essen – wie können wir all dem entkommen?" Der Meister erwiderte: „Wir kleiden uns an, wir essen." - „Ich verstehe Euch nicht", sagte der Fragesteller. „Wenn du nicht verstehst", schloß der Meister, „so kleide dich an und iß.", aus „Satori" von D.T. Suzuki

sodass er (selbst eins mit) Alpha und Omega ist, wäre fähig, alle Leben (Dasein, Dinge) auf Null „im Sinne" von Mu (Nichts) zu „stellen" und damit eine neue „Zeitrechnung" (Daseinsrechnung) einzuläuten. Alle Werte (Dinge, Sünden) zu initiieren. Alle „Zeiger" (Ichs, Dinge) synchron auf Alpha und Omega zu „stellen", um damit Einigkeit unter allen Dingen herbeizuführen, sodass alle Menschen (Dinge) bei Mu (Gott, Buddha, Wahrheit) erneut („erneuert") beginnen.

Auch eine Erlösung einzig durch Jesus Christus ist nur in dem Sinne verständlich (wahr), wenn er in der Überwindung seines Namens als das Göttliche (an)erkannt wird, das alle und keinen Namen benennt. Er als Vater (Alpha) und Sohn (Omega), somit als Vor- und Nachfahre, denselben einen Platz (Moment) einnimmt, sodass gilt: Der Vater (Vor) ist der Sohn (Nach), ist der (Nicht-)Gedanke (Dreifaltigkeit). Die (Re)Generation aus sich heraus. Jesus Christus damit vor und nach der Zeit einigendes „Element" aller Dinge ist.

Die Möglichkeit dieser Vereinigung zu folgen, ist dann jedem Menschen gegeben, sodass auch in jedem Menschen die Möglichkeit der Erlösung (Nicht-Anhaften an die Dinge) besteht. Eben da jeder Mensch den nicht-gedachten Gedanken denkt und so Gott in sich trägt, der nicht in die Verlegenheit kommt sich (relativ) aufzuteilen, sondern in seiner absoluten Bindung (ganz) dem und (ganz) dem und (ganz) dem etc. und damit allen Menschen gehört. Oder wie Jesus Christus sagt: Das Himmelsreich (ewige Leben[44]) steht jedem Menschen offen. Niemand ist verdammt.

Da das Göttliche nicht an Namen gebunden ist, sondern der göttliche Mensch die Namen der Dinge annimmt, kann dann auch der Mensch, der niemals von der (historischen) Person Jesus Christus gehört hat, Erlösung finden, da auch

---

44 Paradies.

dieser von den Dingen umgeben ist. Anders ausgedrückt: Da Jesus Christus das Leben ist, kann jedes Leben in der Überwindung des Lebens das ewige Leben finden. Wiederum anders: Das Absolute lässt keinen Streit um Namen zu, da Gottes Name unumstritten ist, da er keinen benennt, sondern auf das Dasein (Existenz) verweist. Betrachtet der Nicht-Erkennende den in die Dinge übergegangenen, fließenden (transzendenten) Namen Jesus Christus als bedingende (definierte) Namensbezeichnung und versagt deshalb dem Nicht-Vernehmenden dieses Namens die Erlösung, so hat der Versagende (die Existenz-Übereinstimmung mit) Jesus Christus (den Dingen) verloren. Die Wahrheit verfehlt.

Mit dem Abschmelzen Ihres Ichs hin zur Selbstlosigkeit öffnet sich das „Dritte Auge": „Ihre" Wahrnehmung aus den Augen Gottes[45] (Schöpfung, Buddha), durch die Sie Ihre Verbundenheit mit den Dingen erkennen. Erwähnenswert ist, dass in diesem Erkennen auch Ihre Worte gebunden sind an das Wort der Schöpfung, indem das Wort das Wort ist und „Ihre" Worte so nur noch die Wahrheit ausgeben können. Heißt das, dass Sie dann nicht mehr lügen können? Nicht in diesem Sinne. Wenn es recht ist zu lügen, wird die Lüge zur Wahrheit. Was Sie jedoch nicht mehr können, ist Falsches zu sagen. Das „Dritte Auge" „beinhaltet" alle Sinne. Alle Wahrnehmungen, sodass Sie dann auch nicht mehr das Falsche hören können, sondern das Wesen der Worte hören, Spaß und Ernst voneinander unterscheiden können.

---

45 Meister Eckhart (ca. 1260 – 1328), Theologe und Philosoph, Dominikaner „Das Auge, darin ich Gott sehe, ist dasselbe Auge, darin Gott mich sieht. Mein Auge und Gottes Auge ist ein Auge und ein Gesicht und ein Erkennen und eine Liebe.", aus „Satori" von D.T. Suzuki, Anders ausgedrückt: Das Auge, das nach außen sieht, ist das Auge, das nach innen sieht.

Der Radius ist Ihr Abstand zur Mitte (Wahrheit, Gott), der mit dem kleiner werdenden Kreis ebenfalls kleiner wird. Hin zum verschwindenden Punkt gilt: Sie sind der Mensch (als Mensch), sind die Wahrheit, sind Buddha, sind selbstlos.

Das (prinziplose) Prinzip des „Dritten Auges", siehe Abbildung 3, Seite 79

Zwei Zahlen der Existenz sind erwähnenswert: Die Zahl Pi und die Primzahl. Die Zahl Pi bestimmt den Kreisweg. Sie ist die Zahl, die weder innen noch außen ist und ständig diesen Dualismus überwindet, um den Kreis zu erhalten. Pi ist aufgrund dieser Überwindung ohne Anfang und Ende. Somit unendlich. Ohne ein Anhaften (an die Duale) geht Pi den Weg der Mitte und führt unmittelbar zu Gott (Mu, Vollkommenheit). Stufe (Stelle) um Stufe zu sich selbst. Zur eigenen Genauigkeit (Treffsicherheit, Wahrheit). Je mehr Stellen die Zahl Pi benennt, desto vollkommener ist der Kreis, desto „mehr" ist Pi richtig (wahr). Der (Kreis)Weg ist durch Pi vorbestimmt (folgerichtig), da Pi sich aus sich heraus (selbst) bedingt und damit die Richtung vorgibt. Pi geht damit den (Kreis)Weg höchster Effektivität, höchster Geradlinigkeit (in der „Kurve"), um Omega zu erreichen.

Das (prinziplose) Prinzip des „Dritten Auges" ist:

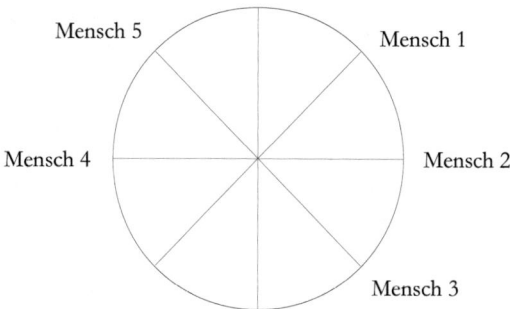

Jeder Mensch sieht (nimmt wahr) in demselben Abstand zur Mitte Dasselbe aufgrund desselben Radius, sodass nicht der eine und andere Mensch (unterschiedlich) sieht, sondern der Eine sieht, was der Andere sieht.

Kurzum: Mensch 1, Mensch 2 bis Mensch 5 sind der Mensch, der sieht (wahrnimmt). Es ist die Sicht des Menschen als Mensch. Die absolute Sicht (Wahrheit).

Abbildung 3

Dass Pi in unserem Zahlensystem unendlich ist, ist bekannt, aber wieso hat sie denn darin einen Anfang? Nur deshalb, weil dieses geschlossen und nicht offen ist. Das „Problem" ist die Null, die unsere Zahlen aufteilt (trennt) in Positiv und Negativ. In kleiner und größer Null. In Vorkomma und Nachkomma. In Überstrich und Unterstrich. D.h. die Zahl in der Mitte der Duale, die Null genannt wird, ist eine definierte, das sie aber als bindende Zahl zwischen den Dualen Positiv und Negativ nicht sein „dürfte" und deshalb bei der sogenannten Division durch Null zu dem unbefriedigenden „Nicht-Definiert" führt. Damit bildet unser Zahlensystem ein abgeschlossenes System, das nicht herabzuwürdigen ist, aber wenn es darum geht die Existenz (Wahrheit, Mu, Gott) zu beschreiben, stößt dieses an Grenzen, eben da es begrenzt ist und eine Zahl ohne Bindung zu der anderen Zahl belässt.

Eine Primzahl ist eine Zahl, die nur durch sich und 1 teilbar ist. Anders ausgedrückt: Nur durch Alle und das Eine. So ist sie immer Alpha und Omega ohne stattfindenden dualistischen Teilungsweg (Überwindungsweg) und damit „ebenfalls" eine absolute (selbstlose) Zahl, die immer schon dort „ist", wo sie „weggeht".

Für beide Zahlen hegt der bekannte Autist Daniel Tammet[46] eine gewisse Vorliebe, die vielleicht darin liegt, dass „beide absolute" Zahlen ihn beruhigen, denn bzgl. Pi stößt er sich weder an links noch rechts an und bleibt auf dem offenen Weg (Unendlichkeit). Obwohl er als Autist das Gewohnte bevorzugt, beruhigt ihn der offene (ungewohnte) Weg, denn er weiß, was geschieht, da der Weg vorbestimmt ist, indem die Zahl nicht endet. Die Primzahl überspringt aufgrund des nicht vorhandenen dualistischen Kreisweges Leid und Verzweiflung, sodass

---

46 siehe www.optimnem.co.uk

auch von dieser Zahl eine „beruhigende Faszination" ausgeht.

(Die Wahrhaftigkeit der) Existenz ist die Harmonie (Einssein) von Alpha und Omega, sodass die Gefahr einer (existenten) Gesellschaft darin liegt, den Weg (Schere) zwischen Alpha und Omega, Arm und Reich, Spaß und Ernst, Haben und Sein, Mann und Frau, Staat und Bürger, Minderheit und Mehrheit, Arbeit und Entlohnung etc. zu „lange" werden zu lassen und damit einen gesellschaftlichen Teufelskreis zu schaffen, in dem sich der Mensch in einer Gesellschaft mehr und mehr von der Wahrheit (Gott, Alpha und Omega) entfernt und einander entfremdet. Das bindende „Und" zwischen den Dualen zu dem entfremdenden „Oder" wird. Anders ausgedrückt: Ohne Liebe (Gott) zerbricht die Welt. Findet Alpha Omega aufgrund der „großen Länge" des Weges „später und später", so ist der Weg „mehr und mehr" dual und überwindet lange nicht, sodass eine (beruhigende) Folgerichtigkeit (Ertrag) „später und später" stattfindet. Dem Einatmen lange nicht das Ausatmen folgt und die Welt den Atem anhält. Dieser lange Weg tut weh, denn er ist Leid und Verzweiflung.

Sie sind verantwortlich für Alpha und Omega. Die rechte Antwort geben Sie, indem Sie sich in dem Anderen erkennen und damit Alpha und Omega einen. Als der Satte (noch immer) den Hungrigen verstehen.

Gesundheit

Das deutsche Gesetz (SGB V) beschreibt Krankheit als regelwidrigen Zustand des Körpers, des Geistes oder der Seele. Aber: Was ist regelwidrig? Was ist der Körper? Was ist der Geist? Was ist die Seele? So gilt in der Überwindung von Regel, Körper, Geist und Seele: Gesund (und krank) ist einzig Gott (Mu). Dies ist dann eine leere „Definition" ((Nicht-)Definition), die ohne Grundsatz und damit auch ohne Ausnahme ist. Sie gilt für den Einen und Anderen und unterliegt nicht dem Ideal des Menschen. Anders ausgedrückt: Alle Menschen sind krank und gesund. Die Krankheit nur durch die Gesundheit erkennbar[47]. Vice versa.

Erkennen Sie Ihr Wesen, so erkennen Sie, dass Ihr Körper Geist und Ihr Geist Körper ist. Beide eins und nicht voneinander getrennt sind. Sie erkennen auch, dass weder Ihr Körper noch Ihr Geist begrenzt ist. Sie mehr sind als die „Umrisse" Ihres Körpers. Diese Grenzenlosigkeit bedeutet, dass auch Ihre Umgebung Körper und Geist und somit ebenfalls Gesundheit und Krankheit ist. Kurzum: Der Mensch stirbt (leidet), wenn seine Umwelt stirbt. In diesem Erkennen begegnen Sie den Dingen (Ihrer Umgebung) in Frieden (Transzendenz) und bewahren (heilen) die Schöpfung.

Sind Sie krank, so ist Ihre Akzeptanz der Krankheit bereits der Weg zur Gesundheit. Ist Ihre Krankheit bleibend, so erkennen Sie, dass sie Ihre Gesundheit ist. Ihre „Krankheit als Weg (Dasein)". Die durch die Vertiefung des Zen erworbene Akzeptanz der Dinge lässt Sie mehr und mehr mit Krankheit und Gesundheit (Hypochonder) zurechtkommen. Eher mit einer Verletzung oder einer bleibenden körperlichen Beeinträchtigung leben und nicht

---

47 „Krankheit ist die Abwesenheit von Gesundheit", Sozialgesetz Fünftes Buch

daran zerbrechen. Sie erhöht die Fähigkeit Schmerzen loszulassen (nicht-anzuhaften), da es in Mu (Gott) keinen Schmerz gibt. Anders: Das Dasein der Schmerz ist („Leben ist Leiden").

Zu verstehen gilt, dass Ihr Wert als Mensch Ihnen durch keine körperliche oder geistige Beeinträchtigung genommen werden kann. Dieser liegt einzig bei Mu (Gott). Sind Sie behindert und nehmen sich unvollständig (uneins) wahr, sind Sie noch immer eins, da Ihr Wesen nicht geteilt werden kann und der „Grad" Ihrer Behinderung nicht Ihr Dasein betrifft. Nicht Ihre Würde. Diese ist absolut und kann nicht berechnet werden. In den „Augen des Göttlichen" (Mu) sind Sie immer ein (wunderbarer) Mensch, unabhängig davon wie „gesellschaftlich angepasst" Sie durch Ihre Behinderung sein können. Dieser Wert kann Ihnen auch nicht genommen werden durch den Menschen, der von Ihnen eine Begründung (außerhalb[48] Gottes) für Ihre Berechtigung zum Leben erwarten sollte. Ihr Dasein ist unbedingt.

„Wie auch" Mu (Gott) von dem Einzelnen gefunden werden muss, so muss auch Ihre Gesundheit und Krankheit einzeln inner- und außerhalb von Ihnen gefunden werden. Diese Individualität kann eher durch den Basisansatz des Heilpraktikers gegeben sein, als durch den der standardisierten „Schulmedizin". Eher durch das eine Medikament für den Einen, statt des gleichen Medikaments für alle. Dies ist nicht als eine Herabwürdigung der „Schulmedizin" zu verstehen.

Empfehlenswert zum Erlangen und Bewahren der inneren (seelischen) und äußeren (körperlichen) Gesundheit ist das Yoga, da es durch die Wahrnehmung des Unterschiedes von Spannung und Entspannung zum Erfahren der

---

48 Sind Sie behindert, als Mensch jedoch stumpf, so kann die Behinderung Sie nicht (vor der Stumpfheit) retten.

geeinten Duale geeignet ist und damit auch zum Erlangen von Weisheit. Anders ausgedrückt: Sich in der Spannung zu entspannen, ist der Weg die Dinge (unmittelbar) zu erfahren. Anzumerken ist, dass in der Hinsicht der (angestrebten) Verfeinerung des Unterschiedes die Arbeit mit dem Kôan Mu „weiter" geht als das Yoga, da das Kôan Mu ohne Anfang und Ende ist. Keinen Unterschied kennt und somit keine Zeit („Moment") vorgibt, um den Unterschied zu erfahren, sondern die „Zeit" als Moment aus sich[49] heraus erzeugt (transzendiert).

Dies ist keinesfalls als ein (abwertender) Vergleich zwischen Yoga und dem Kôan Mu zu verstehen. Gerade das „Möglichmachen der unmöglichen Körperpositionen" im Yoga und darin zu entspannen, führt zur geistigen Beweglichkeit (Flexibilität, Weisheit). Führt dazu in den entsprechenden Körperpositionen das Ich in den unterschiedlichen „Blickwinkeln" wahrzunehmen und damit das Undenkbare zu denken. Sich von der „eigenen Sicht" zu lösen und zur absoluten Sicht (Wahrheit, Erleuchtung) zu gelangen.

Die geschehende „Anwendung" des Kôan Mu auf Ihren Körper ist: Was ich „fühle" (denke), fällt, und ich erhalte das neue „Gefühl". Ich nehme das neue „Gefühl", das fällt. Dann nehme ich das neue „Gefühl", das fällt. Dies geschieht bis zur Unendlichkeit: Dem nicht mehr Mittragen des Körpergefühls (Gedankens) und dem Erreichen von Leichtigkeit. Durch dieses geschehende Fallenlassen (Loslassen) der Anhaftungen „belästigen" Sie Ihren Körper nicht durch das, was Sie denken, was Ihr Körper sei und

---

49 Anmerkung: Das „Es" der Aussage „Es atmet mich" im Yoga und dem Autogenen Training ist Mu. Anders ausgedrückt: Sie werden (durch Gott, Mu) geatmet. Wiederum anders: Der Atem ist der Atem (der nicht durch Ihre Gedanken gestört wird).

lassen ihn durch dieses (Nicht-)Denken in Frieden, der seine Heilung[50] ist.

Ist Ihr „Zustand" unheilbar, so akzeptieren Sie die Unheilbarkeit in dem Wissen, dass deren Beurteilung bei Mu (Gott) liegt. Sie akzeptieren somit auch die Möglichkeit der Heilbarkeit in der Unheilbarkeit. Liegen Sie im Sterben, haben Sie nichts (Mu) zu fürchten. Mu (Gott) macht keine Angst. In Mu (Gott) sind Sie sicher.

---

50 evtl. ein „Ansatz" der sog. Geistheilung (Selbstheilung)

Gewalt und Kampf

All das, was nicht Mu (Gott) ist, ist Gewalt. Anders ausgedrückt: Alle Gewalt liegt bei einem gewaltlosen (barmherzigen, gnadenreichen) Gott. Sie ist nicht an die Dinge gebunden, sodass jedes Ding im selben Moment „Schwert des Lebens" und „Schwert der Zerstörung" (Missachtung der Schöpfung) ist und so jedes Wort, das Sie sprechen, jede Handlung, die Sie tun, jeder Gedanke, den Sie denken, Friede und Gewalt in sich birgt.

Wie können Sie gewaltlos (in Frieden) leben? Vielleicht indem Sie aktiv auf jedes Ding (Gedanken, Handlung) achten und unter die „Aufsicht" einer „definierten moralischen Regel" stellen? Nein, Ihr aktives Achten auf das Einhalten einer Regel würde den Fluss Ihres Daseins stören und Sie von dem (Eins-)Sein trennen. Ihre Gewaltlosigkeit (Frieden) geschieht, indem Sie Mu (Gott) erkennen und damit in Annahme dessen edler „Eigenschaften" selbst Mu (Gott, Buddha) werden. Dann werden alle „Ihre" Dinge mehr und mehr in die Spirale der Gewaltlosigkeit einbezogen. Sie nehmen auch hier eine „gewaltlose Haltung" nicht aktiv ein, sondern lassen die Gewaltlosigkeit geschehen, sodass dann Ihr Dasein gewaltlos ist. Glauben Sie gewaltlos zu sein, haben Sie gerade durch diesen „schönen" Glauben die Gewaltlosigkeit verloren.

Kann Töten gewaltlos sein? Ja! Vielleicht lesen Sie dies mit Zweifel oder Ablehnung, denn wie kann im „(Zen-)Buddhismus" Töten gewaltlos und gar im Dienste des Friedens (des Lebens) stehen? Der Weg der Mitte (Buddha, Mu) ist der Weg, der nichts (Mu) ein- und nichts (Mu) ausschließt, sodass der Weg selbst Mu (Buddha) und damit ohne Gewalt ist. „Es außer Mu" keine Gewalt im (Zen-)Buddhismus gibt. Wird in seinem Namen Gewalt ausgeübt, ist der Name des (Zen-)Buddhismus nichtig

(Mu). Buddha (Mu) ist an Gewalt nicht interessiert. Seine Gewalt ist die Gewaltlosigkeit.

In der Achtung der Schöpfung „verteidigen" Sie diese, um Leben zu bewahren durch Ihr Dasein, das nicht zu benennen ist. Weder durch den Begriff des „Kampfes", des „Angriffs", noch durch den der „Verteidigung". In dieser Hinsicht gibt es keinen „Kampf", sondern „lediglich" das, was ist: Die Bewegungen Ihres (Körpers und) Geistes.

Der Begründer des Aikido Morihei Uyeshiba verstand dies wesentlich. Seine Aussage „Ich bin die Leere (Mu) selbst!"[51] unterstreicht dieses Verständnis, indem seiner „Schwerthände" eins wurden mit den Dualen des Universums (Schöpfung). Er diese in Übereinstimmung mit dem Gegner stets so anordnete, dass er (diesen) überwand. „Eines Tages vergaß" Uyeshiba alle Techniken[52] und errang Tiefe.

Derjenige, der (leer) kämpft, siegt absolut, auch wenn er im Kampf stirbt. Es ist dann der Moment des Todes, der im Dienste des Lebens steht und somit kein gewalttätiger Tod ist. Dieser Sieg ist nicht relativ und teilt damit nicht auf in Sieger und Besiegte. Der absolute Sieg lässt alle als Sieger zurück und bedarf daher nicht deren Erwähnung. Es gibt weder Erste noch Zweite, keine Rangliste, somit keine sportliche (gespielte) Auseinandersetzung, sondern nur das Echte (Wahre).[53]

---

51 Virgina Mayhew, in den sechziger Jahren Schülerin von Uyeshiba in „Black Belt" (April 88): „ … als drei oder vier seiner stärksten Lehrer ihn mit hölzernen Stangen attackierten. Und sie konnten ihn einfach nicht finden. … irgendwie war er nicht da, um berührt zu werden. Du kannst den Geist nicht berühren. Du kannst nicht etwas verletzen, was nicht da ist."

52 Tsuda Itsuo (1914 – 1984) „Ich traf den Meister erst in den letzten Jahren seines Lebens. Was mir am meisten auffiel, war, dass er die Technik verlassen hatte" aus „Grosse Budomeister", Julia Karzau.

Die Aussage Uyeshibas „Schließe den Gegner in dein Herz!" bedeutet mit dem Gegner eins zu sein, um keinen Gegner vorzufinden. Nicht in Freund oder Feind, Gut oder Böse aufzuteilen. Dieses Einssein lässt Sie mit sich selbst kämpfen. Der Gegner sind Sie. Die Aufforderung Ihr Selbst (Wesen) zu erkennen. Wer Mu erkennt, erkennt sich und damit den Gegner.

Diese (absolute) Widerstandslosigkeit[54] gelingt demjenigen, der in dem Moment des Nehmens den Moment des Gebens entgegensetzt, um das Entgegengesetzte zu (ver-)einen. Sie sich nicht vor- und nicht zurücklehnen, sondern in Ihrer Mitte bleiben und das gesamte Universum ausbalancieren, sodass der (Nicht-)Gegner nur den raumlosen Raum vorfindet und „ins Leere (Mu) läuft". Die Beantwortung der Frage (der Aikido-Begriffe) Irimi (Innen) oder Tenkan (Außen) ergibt sich aus dem Einssein. Sie bedarf keiner (verstandesgemäßen) „entscheidenden" Überlegung, sondern geschieht.

Uyeshiba schuf das Aikido aus dem Aikijutsu des Aizu Clan. Ihr letzter Vertreter aus der Zeit des gesellschaftlichen Umbruchs in Japan Takeda Sogaku (1858 – 1943) lehrte Uyeshiba diese bis ins 11. Jahrhundert zurückreichende Kampfkunst. Über den Wanderkrieger (Ronin) Sogaku ist berichtet[55], dass er auf dem Weg in eine Stadt, sowohl von der dortigen Polizei, als auch der Mafia, Geschenke erhielt, damit er „doch bitte" weiterzöge. In dieser Anekdote wird das Nicht-Anhaften an die Duale, das Gehen des eigenen Weges, offensichtlich.

---

53 Es gibt daher im Aikido keine sportlichen Wettkämpfe.

54 Tsuda Itsuo „Ich griff ihn sofort mit aller Kraft an und war verblüfft, dass ich noch nicht einmal einen psychischen Widerstand spürte. Er paßte sich perfekt an und wirbelte mich auf die Matte".

55 us-amerik. Kampfsport-Magazin „Black Belt"

Die Überwindung der Duale kommt ebenfalls in der von der buddhistischen Nonne Ng Mui im 17. Jahrhundert erschaffenen und durch Bruce Lee (1940 – 1973) bekannt gewordenen Kampfkunst Wing Chun[56] zum Ausdruck. Ausgangspunkt aller Bewegungen, die auf einer (!) Bewegung basieren, ist die vertikale Mittellinie des menschlichen Körpers. Diese ist die Linie Mu. Aus ihr entspringen alle (Kampf-)Handlungen, in der der (Angriffs-)Schlag im selben Moment Abwehr ist. Vice versa. Wer diese Linie verlässt, indem beispielsweise nach links oder rechts „gedrückt" wird, haftet an links oder rechts an, verliert Mu und damit den Kampf.

Das „Angriffssignal" des Kendo[57] ergibt sich aus dem Moment des Anhaftens. Sind beide Kämpfer leer, besteht kein Anlass zu kämpfen, da („innerlich") beide in dieselbe Richtung blicken. Gelingt nur einen Moment dieser absolute Blick nicht, da einer der Gegner anhaftet, so ist dies das Signal zum Angriff. Der Anhaftende verliert, da er das Einssein mit dem Gegner verloren hat.

Das bekannte Tai Chi Chuan erhält seine fließenden Bewegungen dadurch, dass in keinem Moment an links oder rechts angestoßen wird. Jeder Moment der Bewegung „verschwindet" in Mu. Mu verschiebt Mu. Es gibt keine abrupten Bewegungen. Körper und Geist „beschreiten" beständig den Weg Mu.

Der us-amerikanische „Straßenschläger" Marc „Animal" MacYoung kommt nach jahrelangen (Kampf-)Erfahrungen auf den Straßen und in den Kneipen Los Angeles´ zu der Erkenntnis, dass jedem „Gegner" das zu geben ist, was gebraucht wird, um zu bestehen. Es ist die Aussage: Bringe dich in Übereinstimmung mit den Dingen, um über den

---

56 s.a. Chi Sao „Klebende Hände", eine Übung, in der beständig versucht wird, die Linie Mu zu halten (auszubalancieren, zu verfeinern)

57 jap. Schwertkampf

Dingen zu stehen. Sind Sie leer, wissen Sie, was gebraucht wird, da Sie wissen, was Sie brauchen. Sie wissen um Angriff und Flucht.

Erwähnenswert ist die „Vorgehensweise" des englischen Türstehers Geoff Thompson im Umgang mit seiner Angst in einem „Vergleich" zur Arbeit mit dem Kôan Mu. Jeden in ihm auftretenden Gedanken der Angst „bekämpft" (überwindet) er mit der gedanklichen Aussage „Damit werde ich fertig!" Dies erinnert in gewisser Hinsicht an die Arbeit mit dem Kôan Mu. Aber die Aussage „Damit werde ich fertig!" bleibt hinter dem Kôan Mu zurück, da der Eindruck erweckt wird (impliziert wird), dass es etwas gäbe, womit Sie fertig werden müssten. Doch es ist „nur" mit Mu fertig zu werden. Mu aber ist leer. Mit Mu können Sie nicht fertig werden, da Mu fertig ist, auch wenn Mu am Anfang steht. Mu nicht überwunden werden kann, da Mu die Überwindung ist.

Von der kurzen „Historie über Kämpfer und Stile" zurück: Werden Sie beleidigt, vergessen Sie die Beleidigung im Hören. Können Sie im Hören nicht vergessen, antworten Sie mit „Worten" und/oder „Fäusten". Schweigen Sie nur, wenn Sie in Ihrer Freiheit schweigen. Nur dann ist Ihr Schweigen Stärke. Schweigen Sie aus Angst (Anhaften), schaden Sie Ihrem Selbst (Wesen), indem Sie sich von sich (im Nicht-Abstand) entfernen. Sind Sie eins mit der Angst, ist auch Ihre Angst Stärke. Zu verstehen gilt, dass eine Beleidigung nicht an die Wahl der Worte gebunden ist. Jedes Wort und Nicht-Wort (Schweigen) Beleidigung und Verehrung (Lob) sein kann. In Ihrer Leerheit erkennen Sie das Wesen des Einen und Anderen.

Je mehr sich Zen in Ihnen vertieft, desto mehr werden Sie im Hören vergessen können, demnach mehr und mehr akzeptieren können, ohne Schaden zu nehmen, ohne einen „Kampf" annehmen zu müssen. Weniger provoziert werden können. Sie werden stärker und lösen die Gewalt, die auf Sie einströmt, in Mu auf und entziehen so der gesamten Schöpfung Gewalt. Sie lassen den Provokateur in Ruhe.

Wie lange kämpfen Sie? Bis zur physischen „Vernichtung" des Gegners? Nicht in diesem Sinne. Sie kämpfen bis zur Veränderung dessen Wesens. Bis zu dessen Einsicht. In Ihrer Leerheit sind Sie „menschlicher" und haben bereits „eingesehen". Der Andere wird von Ihnen durch den Kampf zur Einsicht (Menschlichkeit) geführt. Liegt sie nicht in dem Moment seines Lebens, bedeutet die Nicht-Einsicht seinen Tod. Die Möglichkeit des Todes darf nicht ausgeschlossen werden, um grenzenlos (absichtslos), ohne Ziel, zu kämpfen. Es ist Ihr größer[58] sein als der Andere, um grenzenlos barmherzig zu sein. Die gedankliche Lösung (des Kampfes) ist in Ihnen bereits erfolgt, da der (Lösungs-)Gedanke (bei) Gott ist und die aus diesem entspringende Handlung eins zu eins (unmittelbar) erfolgt. Dies gilt für alle Bereiche Ihres Lebens. Dieser Kampf ist ohne Regeln, da die Menschlichkeit die (Nicht-)Regel ist. Der Kampf immer fair (ehrlich, menschlich) ist. Der „Ehrliche nicht der Dumme" (Verlierer) ist, da er sich im Kampf durch nichts (Mu) fesseln[59] läßt.

---

58 aus „Jeet Kune Do", Bruce Lee: „Der Gegner mag dir die Haut verletzen, du wirst sein Fleisch verwunden. Der Gegner mag dein Fleisch verwunden, du wirst seine Knochen brechen. Der Gegner mag dir die Knochen brechen, du wirst ihm das Leben nehmen. Sei nicht besorgt darüber, wie du sicher davon kommen wirst. Leg ihm das Leben zu Füßen." Diese (Nicht-)Relativität gilt nur in der Leerheit (Absolutheit). Das zu „Füßen legen des Lebens" ist keine Leichtfertigkeit (Beliebigkeit).

59 Die (Nicht-)Regel ist Thematik des Kinofilms „The Dark Knight" im Kampf zwischen Batman und Joker. Dialog: Joker: „Du hast diese Regeln, und du denkst, dass sie dich retten werden." Batman: „Ich habe nur eine Regel." Joker: „Dann ist diese Eine diejenige, die du wirst brechen müssen, um die Wahrheit zu erkennen.", Joker kämpft absichtslos, ohne „Sinn und Verstand", ohne (finanzielle) Gewinnabsicht und ist daher unangreifbar: „Du (Batman) hast nichts, mit dem du mir

Diese Nicht-Haltung geschieht nur in Ihrer Leerheit und ist nur in dieser berechtigt, da Sie in ihr der Schöpfung (im Nicht-Abstand) näher stehen als der Andere. Anders ausgedrückt: Bevor Sie überhaupt auch nur einen Gedanken an das Töten verschwenden, werden Sie leer und sich damit (unendlich[60]) der Schöpfung bewusst. Werden Sie sich des Anderen bewusst, um sich selbst bewusst zu werden. Um sich des Lebens bewusst zu werden. Um das Leben wesentlich zu spüren. Um das Leben wesentlich zu schätzen. Haben Sie dann noch Interesse (Wille) am Töten, lassen Sie das Töten geschehen, denn dann war es nicht leichtfertig (beliebig, eigenwillig), sondern absichtslos (nicht „mutwillig") und diente der Wahrung der Schöpfung. Der Wahrung Ihrer Selbst. Ohne Egoismus. Töten Sie aus dem Anhaften heraus, ist es das Töten des Egoisten („Kleines Ich") und damit Gewalt. Religiös ausgedrückt: Nur Gott (Mu) darf Leben geben und nehmen.

Erkennen Sie Ihr Selbst (Wesen), so wissen Sie um den Moment des Kampfes und um die Mittel. Um Beginn und Ende. Es ist „Ihr" Kampf für die Schöpfung. Damit sind Sie immer Sieger. Damit sind alle Menschen Sieger. Somit ohne Besiegte. Somit ohne Gegner.

---

drohen kannst. Nichts mit dem du mir etwas anhaben kannst, trotz all deiner Kraft."

60 ultima ratio

Der heilende Umgang mit einer Gewalterfahrung

Einleitung:

Ist Zen Psychologie? Zen ist das, was (Zen) ist. Jede Psychologie muss sich an diesem Dasein (als Dasein) orientieren, sonst ist diese ohne Wert und gibt dort, wo zu nehmen ist. Vice versa. Sie muss dem Menschen das geben, was er braucht. Nicht mehr und nicht weniger.

Der Mensch braucht „etwas" (Mu), woran er sich halten kann. Was ihn seine Freiheit bewusst werden lässt. Ihn bewusst werden lässt, wo er herkommt und wo er hingeht. Was sein Ursprung ist. Was sein Anfang, Weg und Ende ist. Dann ist er beruhigt. Dieses Bewusstsein ist auch sein Können. Seine (tatsächliche) Fähigkeit frei zu sein, die keine Diskrepanz zwischen Anspruch und Wollen erlaubt. Die ihn das können lässt, was er will und ihn das wollen lässt, was er kann.

Zen gibt das Gebrauchte und ist damit Psychologie von (höchstem) Wert[61], ohne an dem Namen (Begriff) der „Psychologie" interessiert zu sein. Bereits die Benennung trennt den Menschen vom Dasein, lässt ihn „sonderbar erscheinen", sodass das (wahrhaft) Gebrauchte (Gott, Mu) namenlos ist und damit den (Nicht-)Namen der Normalität[62] trägt.

Zen verhilft dem Menschen so zu seiner Freiheit, lässt ihn sich entfalten, lässt ihn grenzenlos sein, lässt ihn entspannen, lässt ihn der sein, der er sein kann. Dies ist nicht der Anspruch eines gesellschaftlichen Funktionierens.

---

61 Erich Fromm „Zen ist der einzige Weg zu andauernder seelischer Gesundheit", s. Buch Philip Kapleau „Erleuchtung nicht ausgeschlossen", S. 28/29

62 Normal ist einzig Mu (Gott, Buddha, Allah).

Eines sozialen Angepasstseins. Zen hat keinen (Mu) Anspruch. Damit „will" Zen „mehr", nämlich alles (Mu). Zen „will" absolute Freiheit, keine relative. Kein „Im Vergleich zu dem Anderen geht es mir gut oder schlecht"! Zen „will" Leben und Tod befreien, um das Leben zu geben.

Ein Instrument zum Erkennen des (wahrhaften) Daseins ist das Kôan Mu, das Sie Zen erfahren lässt, indem es Ihre Meinung der Trennung überwindet und das eint, was zu einen ist und im selben Moment das trennt, was zu trennen ist. Die Arbeit mit dem Kôan Mu ist somit das Gegenteil von Verzweifeln. Von sich fremd sein. Es ist das Spüren Ihres Selbst. Da das Kôan Mu nicht zwischen Körper und Geist unterscheidet, da es nichts (Mu) zu unterscheiden gibt, erfasst (erkennt) die Arbeit nicht nur Ihre „gedankliche" Verzweiflung, sondern auch die, die sich in Ihren „Poren" (Körper) verbirgt.

Arbeiten[63] Sie mit dem Kôan Mu, so erfahren Sie das (wahrhafte) Dasein (Zen, Mu) in unmittelbarer, d.h. nicht trennender „Art und Weise". Sie nehmen und geben das, was (wahrhaft) ist und erhalten damit das, was Sie brauchen. Somit ist die Arbeit exakt auf Sie „zugeschnitten" und kann Sie weder unter- noch überfordern. Die Kraft, die Sie benötigen, entspringt in und aus Ihnen und kann weder zu klein noch zu groß sein, sondern wächst mit Ihrer Erhebung aus dem Selbst (Wesen).

Durch diese Arbeit können Sie in Ihr Selbst hineinschauen und wirken ohne sich darin zu verirren. Sie verirren sich

---

63 Hält Sie die Sorge einer Verletzung Ihres religiösen Glaubens von der Arbeit mit dem Kôan Mu ab, gilt es zu verstehen, dass diese Arbeit dem Einen (Gott) dient, wie auch immer Sie diesen benennen. Das Kôan Mu kann in keinem Gegensatz zu Ihrem Glauben stehen, da auch Ihr Glaube dem Einen dient, der das Wesen der Dinge ist, das alle Menschen umgibt.

nicht, weil das Kôan Mu die absolute Richtung (Mu) aus sich heraus „erzeugt" (findet) und sich damit von selbst versteht. Sie einzig an Mu (Gott) festhalten und Mu so Ihr Halt ist. Ihr Nordstern ist. Sie wirken, indem Sie all das überwinden, was zwischen Ihnen und dem Nordstern liegt. Je „näher" Sie diesem kommen, umso „mehr" erkennen Sie, dass es nichts (Mu) zu überwinden gab. Sie sich selbst überholten. Gesucht und gefunden haben.

In dieser Arbeit können Sie nicht lügen (verfälschen). Weder bewusst noch unbewusst. Sie können sich nichts vormachen. Nichts schön- oder schlechtreden. Alles akzeptieren, alles annehmen. All das, was Sie belastet, ertragen, da Mu nichts mitträgt. Sie sitzen (Zazen) und erfahren Ihr Dasein ohne wegzulaufen, „bewaffnet" mit dem Instrument des Leerwerdens. Ausgerüstet mit dem Werkzeug zu erfahren (spüren) und aufzulösen. Verdrängtes zu- und hinter sich zu lassen.

Arbeiten Sie mit dem Kôan Mu, so sind Sie nicht alleine gelassen. Zwar können nur Sie den Weg zu Ihrem Selbst gehen, aber in der Arbeit sind Sie der Eine und Andere. Unbegrenzt. Sie vereinen alle Dinge (Gedanken) auf sich und sind doch nicht egoistisch (egozentrisch). Sind die Mitte des Universums (Schöpfung) und bilden sich doch nichts darauf ein. Mögen Sie das zu Beginn der Arbeit vielleicht noch nicht wesentlich verstehen, so ist dies dennoch das, was (wahrhaft) ist. Religiös ausgedrückt: Gott (Buddha) ist mit Ihnen. Welchen „Freund und Zuhörer" könnten Sie sich mehr wünschen als diesen? Allmächtig! Allwissend! Immer für Sie da, immer ein offenes Ohr, immer die vollkommene Barmherzigkeit, immer wesentlich an Ihnen interessiert! Niemals Verräter! Niemals von Ihnen genervt! Immer der (Aus)Weg!

Haben Sie Gewalt erfahren, so mag die Arbeit mit dem Kôan Mu Ihre einzige „Erfahrenstherapie" sein, vielleicht auch eine Ergänzung zu Ihrem Besuch bei einem Psychologen. Von Interesse ist das Kôan Mu für alle Menschen, besonders auch für diejenigen, die aus finanziellen, infrastrukturellen oder gesellschaftlichen Gründen keinen Zugang zu einem Psychologen haben oder aus der Meinung der Scham oder überschätzter eigener Stärke keinen aufsuchen möchten. Arbeiten Sie mit dem Kôan Mu, werden Sie sowohl Ihre Meinung der Scham überwinden, als auch Ihre eigene Stärke einschätzen können und einen Psychologen aufsuchen oder nicht aufsuchen.

Eine „Erfolgsprognose" Ihrer Arbeit kann es nicht geben, da das Kôan Mu sich nicht auswerten (bewerten) lässt. Nicht statistisch erfasst werden kann, da Mu (Gott) nicht (in einer Regel) erfasst werden kann. Was auch ist Erfolg? Sie sollten sich nicht um einen Erfolg kümmern. Sie werden diesen spüren in Ihrer zunehmenden Einigkeit, Freiheit und Ihrem Fähigsein. In dem Erhalt von Ruhe und Frieden. Das Sitzen (Zazen) wird Ihnen guttun, und Sie werden es schätzen. Das ist Erfolg.

Thema:

Gewalt ist der (Nicht-)Versuch das Absolute zu relativieren und damit den (absoluten) Menschen zu erniedrigen oder zu erhöhen. Die im Menschsein (Seele, Mu) liegenden (offenen) Grenzen zu überschreiten.

Alle Menschen sind eins. Demnach sind Sie Sie, der Andere ist der Andere. Dass Sie im selben Moment der Andere sind (vice versa), erkennen Sie in Ihrer Leerheit, die Ihre Meinung ein getrenntes Einzelwesen zu sein überwindet. Dieses Erkennen im Anderen ist die (transzendente) „Übernahme" des Anderen, die friedlich, gewaltlos, leer ist. Aus diesem Erkennen folgt, in Anlehnung an die Aussage

„Was du nicht willst, das man dir tu, das füg auch keinem anderen zu", das Wissen (Verantwortung) um Wollen und Nicht-Wollen des Anderen. Sie wissen, was das Menschsein Ihnen und dem Anderen erlaubt und wissen damit in Ihrem Dasein um Gewalt und Nicht-Gewalt.

Das Nicht-Interesse mehr oder weniger als der andere Mensch zu sein, ihm somit absolut und nicht relativ zu begegnen, bedeutet diesen als gleichgestellten (besser: einsgestellten) Menschen anzunehmen, zu akzeptieren und zu respektieren. Den Anderen somit in Ruhe zu lassen, im Geben zu nehmen (vice versa) und „keine Umstände (Dinge)" zu machen, sodass zwischen Ihnen und dem anderen Menschen Harmonie herrscht und sie sich auf einer menschlichen (absoluten) Augenhöhe begegnen. Von Buddha zu Buddha.

Der „Versuch" das Absolute zu relativieren, ist die Nicht-Einigkeit zweier Meinungen. Es ist die durch Ihr Dasein ausgedrückte Meinung, dass eine Handlung nicht geschehe. Der, der diese Handlung geschehen lässt und durch sein Dasein ausdrückt, ist anderer (entgegengesetzter) Meinung, sodass zwischen Ihnen und dem Anderen ein Gegensatz entsteht. Liegen Sie „näher" an dem Menschsein (Mu) als der Andere, so ist Ihre Meinung berechtigt und die des Anderen unberechtigt, sodass dieser im egoistischen Beharren auf seine Meinung nicht das Menschsein erkennt und Gewalt (Nicht-Einigkeit) erzeugt, die Sie bedingt, die Dinge für den Moment der Nicht-Einigkeit durch die „Brille (Filter) der Nicht-Einigkeit" wahrzunehmen und die Meinung in sich[64] nicht mehr zu finden. Den Dingen nicht frei (urteilslos, absichtslos) zu begegnen. Die Nicht-Einigkeit hat somit einen Umstand (Ding, Problem) geschaffen, der Ihnen für den Moment, der alle Zeitinhalte

---

64 „Gemeint" ist sowohl die Meinung als solche (Meinung als Meinung) als auch die Meinung in Ihnen.

annehmen kann, die Sicht auf die Schöpfung (Ihr Selbst) versperrt.

Um wiederum Einigkeit in Ihnen zu erschaffen, die Gewalt damit aufzulösen und frei von dem Ding (Umstand) zu sein, um über dem Ding zu stehen, müssen Sie diesen geschaffenen Umstand der Nicht-Einigkeit bejahen, wenn es gerecht ist zu bejahen und verneinen, wenn es gerecht ist zu verneinen. Es ist: Hat der Hund Buddha-Wesen? Die Frage (das Ding) steht im Raum. Sie müssen antworten, ohne zu antworten. Antworten Sie mit einem „Ja", so haben Sie (die Einigkeit mit dem Ding) verloren, antworten Sie mit einem „Nein", so haben Sie verloren, antworten Sie nicht, so haben Sie verloren. Diese (verstandesgemäße) Ausweglosigkeit (Verzweiflung) ist die „Härte" der Ihnen gestellten Aufgabe und ebenso der „Grad (Tiefe) der Meinungsverschiedenheit (Gewalt)". Sie nährt die Meinung des Vorhandenseins eines Ichs und trägt dazu bei, dass Sie sich als ein (ab)getrenntes (einsames) Einzelwesen wahrnehmen und betrifft all das, was Sie sind, sodass Ihr Dasein in Frage gestellt ist und Sie die Frage „Wer bin ich?" (bzw. „Warum[65] ich?") (erneut[66]) beantworten müssen, um aus der Einigkeit heraus wiederum recht unterscheiden zu können.

---

65 Da Mu (Gott) aller Grund (Dinge, Kausa), aller Ort, alle Art, ist, gilt das Finden von Mu auch für alle Fälle (Kasus – Nominativ, Dativ, Genitiv und Akkusativ) der Sprache (Schrift) und alle Fragewörter. „Wer bin ich?" führt Sie zu Mu, ebenso wie „Was bin ich?", ebenso wie „Warum bin ich?", ebenso „Wo bin ich (gerade mit meinen Gedanken)?", ebenso „Wohin (gehe ich)?", ebenso „Wie(viel) bin ich?" etc. Siehe auch: Kôan „Wie klingt das Klatschen einer Hand?" oder das Kôan „Was ist mein Ur-Antlitz?" etc., sodass Mu Frage und Antwort ist.

66 „Erneut" deswegen, da vor dem Geschehenen die Frage „Wer bin ich?" bereits durch Ihre Normalität (Selbstverständlichkeit) beantwortet war. Nach dem Geschehenen wandelt sich die namenlose Frage, die sich Ihnen in Ihrer Zufriedenheit nicht stellte, zur anonymen Frage: „Wer bin ich, dass mir so etwas geschehen kann? Das ist doch nicht normal, dass so mit mir umgegangen wird?"

Könnten Sie in einer, durch die Überwindung der Meinung als solche, erfahrenen existentiellen Meinungslosigkeit jede Meinung (Gedanke) annehmen, so wären Sie immer einig und in Übereinstimmung mit den Dingen. Es wäre Ihre Fähigkeit immer mit den Augen des Einen und Anderen zu sehen. Dieses perspektivisch-universelle (subjektiv-objektive) und damit göttliche[67] Sehen ist nur in Mu möglich. In dem zum Punkt werdenden Kreis, der mit Alpha beginnt, mit Omega endet und in dem Alpha und Omega denselben Platz einnehmen. Es ist das Sehen aus dem „360 Grad Winkel". Das Sehen, das nicht weiß, das(s) es sieht. Das Sehen in (an) sich. Das Sehen als Sehen. In diesem Kreis versteht jeder Mensch dasselbe, sodass die Differenz der Meinungen (Gedanken), und damit die Meinung als solche, überwunden ist. Die andere Meinung die eine Meinung ist: Die Meinung der Wahrheit (Gott, Mu).

Arbeiten Sie mit dem Kôan Mu, so sehen mit den Augen des Einen und Anderen und haben Ihre egoistische (perspektivische, subjektive) Sicht überwunden. Sie sind in diesem Moment der Arbeit überall und nirgendwo. Grenzenlos. Können jede Sicht einnehmen. Jede Sie „quälende" Frage wesentlich beantworten: „Warum tat der Andere, was er tat? Warum geschah mir das?" Allgemein: „Was soll(te) das alles?" Anders: Wer ist der Mensch? Wie kann Zen diese Fragen beantworten? Zen beantwortet jede Frage, da Zen Leben und Tod ist. In Ihrem Dasein (Existenz) alle Fragen und Antworten liegen, die Mu entstammen und in Mu münden und Sie somit das Wesen jeder Frage (Wort, Gedanke) in sich erfahren können.

---

67 Das Sehen (Blick) ist losgelöst von den Dingen. Losgelöst vom Betrachter. Es ist ein bedingungsloses (absolutes) Sehen, in dem der Sehende nicht mehr weiß, ob seine, zwar durch die erhobenen Lider, „geöffneten" Augen offen oder geschlossen sind, ob er also wach ist oder „mit offenen Augen" schläft und somit erkennt, dass es ein Erwachen aus der Wachheit geben kann, das das „Träumen" beendet.

„Wollen" Sie (das Wesen von) Mu erfahren, so stellen Sie die Frage nach Mu. „Wollen" Sie das Wesen einer Sie „quälenden" Frage erfahren, stellen Sie diese „quälende" Frage. All das, was Ihnen gedanklich auf dem Weg zur Beantwortung dieser Frage begegnet, ist von Ihnen wahrzunehmen und fallenzulassen, um sich wie der Eine auf das Andere hin zu bewegen und den Dualismus (Verzweiflung) zu überwinden. Dann ist Ihr Dasein fließend, und Sie sind wie Wasser, das sich allem anpasst. Dann haben Sie Ihrem Selbst das gegeben, was Sie brauchen und sich in Übereinstimmung mit dem Ding (Gewalt) gebracht und einen mehr und mehr die Nicht-Einigkeit. Finden (wieder) zu sich. Finden (wiederum) Ihre Meinung in sich. Verkürzen den Nicht-Abstand zur Schöpfung (Selbst, Gott).

Diese (Nicht-)Technik, die Sie bei Ihrer Arbeit mit dem Kôan Mu mehr und mehr (durch das Erfahren) erlernen, ist auf alle Ihre Fragen entsprechend anzuwenden. „Quält" Sie beispielsweise die Frage „Warum geschah mir das?", so stellen Sie sich die Frage „Warum geschah mir das?" oder kurz „Warum?" Das Streben nach einer Antwort auf diese Frage darf ebenso wenig wie Ihre Frage nach „Was ist Mu?" vom Grübeln, vom Argumentieren, vom Gehen in die Vielheit bestimmt sein, sondern von dem Einswerden mit dem „Warum". Wandern Sie ins Grübeln ab, ziehen Sie sich zu dem „Warum?" zurück und verlassen das Grübeln. Beispiel: Sie wiederholen im Geiste, nicht mit dem Mund, ständig die Frage „Warum geschah mir das?" Nach einiger Zeit des Wiederholens können Sie die Frage mit dem Wort „Warum?" abkürzen, doch müssen Sie weiterhin tief bestrebt sein eine Antwort zu finden und nur an dem „Warum?" festhalten. Demnach: „Warum, Warum, Warum, Warum, Weil ich den falschen Heimweg ging (fallenlassen, sich zu dem Warum zurückziehen), Warum, Warum" etc. Demnach nicht: „Warum, Warum, Warum, Warum, Weil ich den falschen Heimweg ging, ich bin ja auch zu blöd, und dann in dieser Dunkelheit, auch noch alleine, meine Eltern haben immer gesagt, geh da nicht lang" etc. Sie sind (anhaftend) ins Grübeln (Vielheit) „abgerutscht" und haben das „Warum?" längst verloren. In dem Moment, in dem Sie das „Warum?" verlieren, ziehen Sie sich wieder an das „Warum?" heran. Das Heranziehen ist Ihre innere Aktivität. Der Aufbau von (geistiger) Stärke. Von Nervenkraft. Von Konzentration. Der Aufbau einer Bindung zu Ihrem Selbst.

Erfahren Sie das Wesen des „Warum?", so geschieht der Moment, in dem die Frage „Warum?" zu Ihrer Antwort wird und Sie das „Warum?" erkennen (erfahren). Alle Ihre Assoziationen (Verbindungen) auf dem Weg zu der loslösenden (erlösenden) Antwort sind die Verstrickungen der Nicht-Einigkeit, die Sie mit dem „Schwert" der „Technik Mu" „durchtrennen" (überwinden). Jedes Lösen der Verstrickungen (Fesseln) ist der Zuwachs Ihrer Freiheit, Ihrer Empfindsamkeit, Ihrer Einigung durch die Sie Ihre Lebendigkeit (wieder)finden.

Je aufmerksamer Sie mit dem Kôan Mu arbeiten und sich Zen in Ihnen vertieft, desto besser werden Sie dieses Kapitel verstehen und auch die nötige Aufmerksamkeit aufbringen können, um offene Fragen in Ihnen zu erkennen. Sich diese bewusst machen, um sie für Ihre Arbeit in der „Technik" des Kôan Mu zu formulieren. Hierbei ist anzumerken: Da, wie in der Einleitung des Buches kurz beschrieben, das Wesensfundament aller Worte das (Nicht-)Wort Mu ist, ist es nicht notwendig eine andere Frage als die Universalfrage „Was ist Mu?" zu formulieren, da in dieser Frage alles (Dasein, Lösung) liegt und Sie letzten Endes durch sie die (Los)Lösung (Nicht-Anhaften) von allen Dingen finden. Sie der „Universalschlüssel" zu den Dingen ist. Doch kann es

„hilfreich"[68] sein auch diese „quälenden" Fragen zu stellen, die das (Gewalt-)Geschehen direkt betreffen und in der (Nicht-)Technik des Kôan Mu zu überwinden.

Haben Sie diese direkten Fragen (bzw. die Universalfrage „Was ist Mu?") in Ihnen mehr und mehr beantwortet, so haften Sie weniger und weniger an Ihrem perspektivischen Sehen an, bis Sie das göttliche Sehen einnehmen und die Dinge als Dinge verstehen können. Dieser Moment des Verstehens ist der Wechsel der Duale. Ihr Herzschlagen. Ihr Ein- und Ausatmen. Ihr Durchatmen. Ihr Entspannen von der Spannung. Ihre (geistige) Beweglichkeit in die absolute Richtung (Mu) zu sehen. Ihre Fähigkeit zu sprechen. Ihre Freiheit dorthin zu gehen, wo Sie hingehen. Es ist der Moment Ihrer Nicht-Einigkeit, der in den Moment der Einigkeit wechselt. Dieser (geschehende) Wechsel ist Ihre Heilung für diesen Moment, da sich Ihnen durch die Einigkeit die Nicht-Einigkeit für diesen Moment nicht erhebt. Vertieft sich Zen in Ihnen, nimmt dieser Moment der Heilung die Dauer Ihres Daseins an.

Da Sie in dieser Einigkeit nichts (Mu) mittragen, brechen Sie nicht zusammen, bleiben lebendig, schön und auf die Schöpfung (Selbst) bezogen. Dies ist Ihre gewaltlose „Rache" gegenüber dem Erzeuger der Gewalt. Sie nehmen „seine" Gewalt (Nicht-Einigkeit) leer an, geben[69] sie damit im Nehmen zurück und haben sie bei ihm belassen. Er hat Sie weder verletzt noch nicht verletzt. Er hat Ihnen alles (Mu) und nichts (Mu) angetan. Dies ist der gesunde, gewaltlose Umgang mit Ihrer Erfahrung: Sie bleiben, der Sie sind (Mensch).

---

68 „Grund" für die „verschiedenen" Kôan, die „verschiedene Lebensmomente" wiedergeben und doch immer auf dieselbe Wahrheit weisen.

69 Dies gilt auch für die zeitlich zurückliegende Gewalterfahrung, da der andauernde Moment der Gewalt die Zeit transzendiert.

In der Überwindung dieser Verzweiflung hin zur Einigkeit ist Ihr Verhältnis zu dem Erzeuger der Gewalt leer. Mu. Eins. Dieses Verhältnis Mu ist das Stehen zu Ihrem Selbst (Mu, Gott). Es ist das leere Verhältnis, das immer Ihre Balance ist, aus der heraus Sie Ihre Mitte behalten. Es ist Ihre (absolute) Freiheit und Beweglichkeit. Keine Gleichgültig- oder Beliebigkeit. Es ist das „Egal", das im Verhältnis Mu die Bindung beibehält, durch die Sie auf die Dinge bezogen bleiben und sich nicht zurückziehen. Nicht in die (bindungslose) Depression gehen, denn dann hätten Sie die Gewalt des Erzeugers angenommen und Mu (Gott) (im Nicht-Abstand Mu) verloren.

Mensch, Arbeit, Besitz, Geld

Wenn Sie in Ihrer Freizeit an Ihrem Auto „herumschrauben und basteln" und dabei jedes auftretende Problem mit Hingabe, Sorgfalt, Motivation, Geduld, Ausdauer und Kreativität lösen und die Stunden dabei wie im Flug vergehen, was unterscheidet diese private Tätigkeit von Ihrer Arbeit bei einem Unternehmen als Kfz-Mechaniker, wenn Sie die Autos anderer, der Kunden, reparieren?

Könnten Sie in Ihrem Arbeitsverhältnis dieselbe Hingabe, Sorgfalt, Motivation, Geduld, Ausdauer und Kreativität aufbringen (erzeugen), die Sie in Ihrer Tätigkeit in der Freizeit aus sich heraus aufbringen oder müssten Ihnen diese von Ihrem Chef verordnet werden? Könnten diese denn verordnet werden? Und durch die Verordnung dieselbe Qualität erhalten? Würden Sie für Ihre Tätigkeit in Ihrer Freizeit mit Geld bezahlt werden wollen? Würden Sie andererseits Ihre Arbeit als Kfz-Mechaniker ohne Bezahlung leisten, da Sie ja „eh so gerne" an Autos „arbeiten"? Allgemein gefragt: Für welche Tätigkeiten möchten Sie mit Geld bezahlt werden und für welche lehnen Sie Geld ab und empfänden eine Bezahlung gar als Beleidigung?

Würde in einem provokanten Beispiel der Mann der Frau, mit der er als Paar zusammenlebt, für den Beischlaf Geld bezahlen, würde er sich sicherlich eine Ohrfeige einhandeln. Warum eigentlich? Was ist ihr Problem? Braucht sie kein Geld? Müsste sie sich nicht darüber freuen? Es ist klar, würde sie das Geld annehmen, würde sie sich als eine Prostituierte wahrnehmen, die ihren Körper verkauft. Die Frau möchte sich ihrem Mann aber hingeben, so wie er sich ihr hingibt. In einem Verhältnis von Geben und Nehmen, das mit Geld nicht erkauft werden kann. Nicht gegeneinander aufgerechnet werden kann, sondern eins ist. Ein leeres Verhältnis. Ein menschliches, in dem sie und er genügen.

Was aber ergäbe sich für die Frau, wenn sie das Geld annehmen würde? Und was für den Mann, wenn er es bezahlen würde? Sie würde ihren gerechten Zeitpunkt (Moment) aufgeben. Wann immer er ihr Geld zahlte, müsste sie mit ihm schlafen. Sie hätte dann Lust zu haben. Könnte sie diese denn dann haben? Der Mann würde, wenn er mehr zahlt, mehr Lust der Frau erwarten. Könnte die Frau denn mehr Lust haben, wenn ihr mehr gezahlt wird? Zahlt er weniger, so müsste er mit weniger Leidenschaft der Frau rechnen etc. Kurzum: Beide würden erwarten, verlangen, fordern, feilschen. Der Beischlaf würde bemessen und verglichen werden. Relativiert werden. Bewertet werden. Ein Preisschild und eine Benotung erhalten. Bedingt sein. Nicht frei, leer, absolut, eins, sein. Das Bezahlen mit Geld, und die damit verbundenen Erwartungen (Assoziationen), würde beide für diesen Moment trennen. Der Beischlaf, der die Überwindung der Duale Weiblich und Männlich und damit (selbstloser) Natur ist, würde egoistisch[70].

So ist der faire (gerechte) und damit auch der niedrigste und höchste Preis das Sich-Ergeben des Beischlafs. In Zahlen ausgedrückt: Null im Sinne von Nichts (Mu) (wobei es zu verstehen gilt, dass Mu als das „Nichts" nicht etwa nur die Null als die Zahl zwischen den positiven und negativen Zahlen ist, sondern alle und keine Zahl(en)

---

70 Anmerkung: Die von männlicher Seite gestellte Frage „Wie war ich?" ist Ausdruck des Egoismus, in der er von der weiblichen Seite eine Benotung bzw. Beurteilung des Beischlafs erwartet. Sie ist tatsächlich die Frage „Wer bin ich?", da der Betreffende die Sicherheit seines Handelns (Beischlaf) nicht aus sich heraus, aus seiner Menschlichkeit (Männlichkeit) ableiten kann. Die Frage widerstrebt der Selbstlosigkeit des Beischlafs und ist daher nicht „gerne" gehört und im absoluten Verhältnis von „Eins und Eins ist Eins" nicht angebracht. Der Selbstbewusste weiß, wie er war, da er weiß, wer er ist.

beinhaltet). Geld ist dem Menschen somit nicht immer willkommen, und nicht alles ist käuflich.

Erkennen Sie Ihr Einssein mit den Dingen, so erkennen Sie auch, dass ein „(Ver)Kauf[71] von Mu" Geben und Nehmen der Dinge ist. Dieses ist nicht an Geld gebunden, sondern indem Sie die Schöpfung durchschreiten, geben und nehmen Sie die Dinge, die sich Ihnen im Moment erheben. Dieser Moment ist Ihr Besitz. Je „mehr" (einiger) Sie die Dinge im selben Moment nehmen und geben (festhalten und loslassen), desto „stärker" ist Ihre Fähigkeit des Besitzens (Verbundenheit). Die stärkste Verbundenheit ist die Transzendenz. Ihr tiefes Interesse an den Dingen (Schöpfung). Das Verschmelzen des Äußeren mit dem Inneren.

In dieser Ihrer Verbundenheit gibt es nichts (Mu) zu „kaufen", da Ihnen schon alles (Mu) gehört. Nichts (Mu) zu „verkaufen", da Sie schon alles (Mu) gegeben haben. Sie besitzen demnach das, was Sie sind und verwechseln sich nicht mit Ihrem Besitz, da Sie der Besitz sind. Durch dieses Dasein (als Dasein) ist der Besitz überwunden. Wird dieser angegriffen, so werden Sie angegriffen, sodass Ihre Verteidigung gerecht ist und Sie für Ihre Sache, nicht für die des Anderen, kämpfen. Sie „kaufen und verkaufen" das, was Sie sind und sind damit unverkäuflich. Unbezahlbar. Ihr Besitz der Dinge geht nahtlos an Sie über in dem Moment des Erhebens und Fallens der Dinge.

Dieses (absichtslose) Durchschreiten ist das Fließen der Dinge. Es braucht keinen Vertrag, keine (Gewinn-)Absicht, keine Erklärung, keine Garantie, kein Einwilligen, kein Versprechen, kein Geld, keinen Preis. Dieses Geben und Nehmen ist ohne Diebstahl, ohne Betrug, ohne Enttäuschung. Immer die Akzeptanz (Übereinstimmung) des Nehmens und Gebens. Immer der faire Preis. Sie

---

71 „reine" Existenz, anders: Existenz als Existenz

belassen die Dinge in sich. In Ruhe. In Frieden. Leben eins mit der Schöpfung (Transzendenz) und besitzen nichts außer der gesamten Welt (Schöpfung). Ihr Haben ist das Dasein (Existenz).

Diese Überwindung des Besitzes ist das kommunistische Ideal, in dem dem Einzelnen alles (Mu) gehört. Im Wesen ist dieses nur dem Menschen verständlich, der sein Ich überwunden hat. In der Ermangelung dieser Überwindung und dem damit verbundenen Beharren im Egoismus liegt das Scheitern derer, die dieses Ideal anstrebten, denn es kann nur erreicht werden durch die Verbindung aller zum Einzelnen und nicht durch eine Gemeinschaft, in der der Einzelne nichts gilt und (gewaltsam) von ihr an den Rand gedrückt wird. Religiös: Die Verbindung des Einen in Allen (Gott). Anders: Die Masse muss von jedem Einzelnen getragen werden. Ist der Eine nicht, so sind Alle nicht. Wiederum anders: Jede Kette ist nur so stark wie das einzelne Kettenglied. Die Kette ist „mehr" als die Summe der Kettenglieder (Synergie[72]).

Dies bedeutet: Bringe dich in Ordnung, um den Anderen in Ordnung zu bringen, schau auf dich, um auf den Anderen zu schauen. Diese Wesensschau kann nicht verordnet werden. Weder durch Zwang, noch durch „Macht". Nicht durch das Verbreiten von Angst und Terror. Nicht durch Misstrauen. Das Überzeugen („Missionieren, Rekrutieren") kann nur in Freiheit geschehen. In der Selbsterkenntnis des Einzelnen, die im Loslassen all seiner Anhaftungen geschieht und angestrebt wird durch dessen Wunsch nach Überwindung des Leidens. Auch dem Loslassen des Gedankens der Relativität (Bedingtheit), über, unter oder gleich dem Anderen zu stehen, sodass die Gesellschaft klassenlos ist und die Klassen überwunden sind. Es keinen Klassenkampf gibt. Wer sollte Gegner sein? „Alle sind

---

72 Synergie („mehr") ist Mu.

gleich!" bedeutet somit „Alle sind eins!" Es gibt nur die eine Klasse des Menschen, sodass die Klasse aufgrund der Nicht-Besonderheit keiner Erwähnung bedarf und (transzendent) verschwindet[73].

Sind die Dinge, die Sie besitzen, auch Ihr Eigentum? Was unterscheidet Besitz von Eigentum? Eigentum erfordert das Geben eines Versprechens (Gesetz) durch die Gemeinschaft, der Sie angehören. Dieses muss dem Ding zugeordnet und mitgetragen werden und erschwert dadurch die Leerheit (Insichsein) des Dinges, indem es seine „Macht des Eigentums" (Zuordnung) von außen erhält. Religiös ausgedrückt: Alles ist Gottes Besitz. Dies ist auch die Aussage der Verwunderung der nordamerikanischen Indianer zur Zeit der Besiedlung (Claims) ihres Landes durch die „Weißen": „Wie kann man denn die Erde kaufen oder den Himmel?"[74] Wie kann sie denn, die dem Einen und Anderen gehört, zu sich gehörig erklärt (beansprucht) werden? D.h. das „zugeordnete" Versprechen des Eigentums bedarf der besonderen Erwähnung über Sprache oder Schrift, da die (erklärte) Zuordnung nicht im Dasein „definiert"[75] ist. In dieser Besonderheit liegt zum einen die Frage der Bindung zwischen dem Ding und seiner Benennung. Zum anderen die Frage der Haltung, die einem Versprechen zugrunde liegt. Hieraus ergeben sich die weiteren Fragen: Kann alles versprochen und damit auch alles zum Eigentum erklärt werden? Auch der Mensch?

---

73 Erwähnung ist überflüssig

74 Häuptling „Chief" Seattle (1786 – 1866) an den Gouverneur von Washington (1854): „Der große Häuptling in Washington sendet Nachricht, dass er unser Land zu kaufen wünscht. Aber wie kann man die Erde kaufen oder den Himmel?"

75 leitet sich nicht aus der (leeren) Existenz her

Aus der Unmöglichkeit heraus, über den Namen Gottes zu streiten, ist Ihnen die Möglichkeit gegeben, das Ding so zu benennen, wie Sie „wollen". Die Übereinstimmung (Wahrheit) des Wortes mit dem Ding ergibt sich aus Ihrer Bindung zu dem Ding. Je „mehr" Sie mit diesem Ding eins und damit transzendent verbunden sind, desto wahrhafter (treffender) ist Ihre Wortwahl[76] und das Ding von Ihnen recht benannt. In diesem Einssein ist das Gemeinte das Tatsächliche. Ist der Name des Dinges wahr.

Würde eine Bewegung wie das Heben eines Armes nicht von weittragender Bedeutung sein, so erheben die filigranen Bewegungen der Wortformulierung von Sprache und Schrift einen weitaus höheren Anspruch: Den Anspruch der Benennung der Wahrheit (Gott). Die Diskrepanz zwischen einem bloßen technischen Erlernen von Bewegungsabläufen und dem höchstmöglichen Anspruch erlaubt eine etwaige Bindungslosigkeit, in der Worte eine Welt in der Welt darstellen, in der die eine losgelöst von der anderen bestehen kann. Ohne Bindung zu dem, das (wahrhaft) ist (Gott, Mu) die Möglichkeit gegeben ist, alles beliebig Mögliche zu erklären, zu proklamieren, zu formulieren, zu definieren. Das Blaue vom Himmel zu lügen. Mit gespaltener (dualistischer) Zunge zu reden. Die Welt virtuell „stattfinden" zu lassen. Aufgrund der „Geduldigkeit der Worte" alles zu versprechen, ohne dass die Worte durch eine Bindung an

76 In Ihrer (transzendenten) Leerheit sprechen und schreiben Sie ohne Ich und finden die rechten (wahren) Worte, indem Sie das sagen und schreiben, was Sie (selbst) sind. Sie sich zum Ausdruck bringen. Künstlerisch (schöpferisch) sind. Sie finden diesen künstlerischen Akt in der Kalligraphie, im Gitarrenspiel, im Tanz, in der Literatur, in der Kampfkunst etc. Kurzum: In allen Dingen, denen Sie begegnen und die Sie mit dieser Begegnung zum Leben erwecken und so das Leben zu Ihrer Kunst wird. Die höchste Kunst ist die Überwindung der Technik. Wenn Sie so Gitarre spielen, wie Sie eben Gitarre spielen und von dem Anderen an Ihrem Stil erkannt werden und nicht nur das geschlossene System einer Tonleiter „rauf- und runterdudeln". So leben, wie Sie sind.

die Dinge in der Schöpfung hinterlegt und damit durch Wahrhaftigkeit gedeckt sind.

In der Überhöhung der Worte liegt die Gefahr der Idealisierung. Das Wesen des Wortes nicht im Einssein zu treffen, sondern sich ihm unterzuordnen und hierbei an dem (relativen) Anspruch zu scheitern. Ordnen Sie sich Worten wie denen der Moral, Liebe, Gott, Mu etc. unter, so finden Sie das Wesen dieser Worte nicht. Sie erreichen die Genannten nicht, wenn Sie diese erhöhen und sich erniedrigen. Anstatt (Mensch) zu sein, unterliegt der Mensch dann der Relativität von Sprache und Schrift. Dies kostet ihn Kraft, denn nur in der Transzendenz des Wortes, demnach auf einer absoluten Augenhöhe mit dem Wort (Ding), erkennt er (mühelos) das Wesen des Wortes. Dann aber ist er an dem Wort nicht mehr interessiert (vergessen) und erkennt die Wahrheit. Um zu verstehen, bedarf es somit des „Menschen, der die Worte vergisst, auf das ich mit ihm reden kann" (Chuang-Tsu[77]).

Neben dem Problem der Bindung der Worte an das, das (wahrhaft) ist, besteht das Problem der Haltung. Derjenige, der (Dinge) verspricht, muss garantieren können, dass er auch morgen dieselbe Haltung (Einstellung) zu dem, was er versprach, haben wird. Kann dies jemand? Die Dinge sind immer in Bewegung (Fluss). Sie sind morgen nicht mehr der, der Sie heute sind. Sie verändern sich. Das Einzige, was Sie somit versprechen können, ist, dass Sie auch morgen noch der sein werden, der Sie morgen sein werden. Dies ist die (Gottes-)Aussage: „Ich bin, der ich bin", sodass nur Gott (Mu, Wahrheit, Menschsein) versprochen werden kann. Er die einzige Garantie ist, da er in der Veränderung (Bewegung, Zeit) bleibt (ruht)[78]. Mit Ausnahme des

---

77 chin. Philosoph (365 – 290 v. Chr.)

78 Heute gefragt: „Wer bist du?" Antwort: „Ich bin, der ich bin."
Morgen gefragt: „Wer bist du?" Antwort: „Ich bin, der ich bin."

Absoluten eine Haltung auch mit dem besten Vorsatz, Absicht und Willen nicht „eingefroren" werden kann. Die Dinge (Geschehen) stärker sind als das Wollen und den Ursprung der Demut bilden. Es gibt somit keinen „Triumph des Willens" (Adolf Hitler), nur den des Daseins (Schöpfung, Existenz). Derjenige, der sich also zwingt, indem er seinen Willen einsetzt, um ein Versprechen einzuhalten, obwohl er innerlich zu einer anderen Haltung (höherer Erkenntnis) gekommen ist, schadet dem Fließen der Dinge und lässt den (Nicht-)Willen (des Leeren) nicht geschehen. Handelt nicht recht, da er das Versprechen, das Gott ist, nicht achtet.

So kann der Mensch auch in der festen Absicht eines nicht-erkennenden Menschen, eine Bindung zur Wahrheit zu formulieren, nicht zum Eigentum erklärt werden. Ist eine solche formuliert, ist sie im selben Moment nichtig, da ein solches Versprechen nicht von der Schöpfung (Gott) gedeckt ist. Eine Bindung zu dem Absoluten nur in der Transzendenz möglich ist. Gott nicht erklärt oder definiert werden kann. (Außerhalb der Transzendenz[79]) nicht (an-)gebunden werden kann. Nicht versklavt (Eigentum) sein kann. Ist Gott versklavt, so ist er im selben Moment frei, da er sich in seiner Leerheit den Ketten entzieht. Wem sollten denn diese angelegt werden? Der nicht-gedachte Gedanke ist immer frei. Anders: „Der Mensch ist frei geschaffen, ist frei, und würd´ er in Ketten geboren" (Friedrich Schiller), da er den nicht-gedachten Gedanken denkt. Von Gott beseelt ist.

Ist Ihnen in der Gemeinschaft, in der Sie leben, neben der seinsgegebenen Möglichkeit des Besitzens auch die des

---

Übermorgen gefragt: „Wer bist du?" Antwort: „Ich bin, der ich bin." etc. In der Bewegung „Heute, morgen, übermorgen" ruht die bleibende Gottesaussage.

79 die eine leere Bindung ist

Eigentums durch das dortige Wort des Gesetzes gegeben, so gilt es zu verstehen, dass Sie mit dem Eigentum keine Freude haben werden, wenn Sie nicht auch fähig sind Dinge zu besitzen, demnach anzunehmen und loszulassen und damit auch zu genießen. Ohne diese Fähigkeit ist Ihr Eigentum lediglich das Ansammeln von Dingen, die Sie nur eigentümlich kaufen, weil Sie diese haben möchten, ohne sie zu brauchen. Sammeln Sie die hundertste CD eines Musikers nur, damit Sie diese haben, obwohl Sie kein Gefallen an dessen Musik finden, so besteht Ihr Eigentum zu Unrecht, da keine Bindung besteht. Warum sollte durch das Versprechen der Gemeinschaft etwas geschützt oder verteidigt werden, an dem nicht einmal Sie Interesse haben? Die CDs sollten dem zugänglich sein, der diese Musik gerne hört. Der einen Draht (Bindung) zu ihr hat. Hierin liegt die Problematik des Besetzens nicht-bewohnter Häuser. Hierin liegt aber auch der faire Handel, indem Sie erkennen, was der Andere braucht. Wofür ein Bedarf besteht.

Die Transzendenz, die das Einssein von Geben und Nehmen ist, gilt im selben Maße für Arbeitgeber und Arbeitnehmer. Besteht diese Einheit, so besteht eine namenlose (leere) Bindung. „Strapaziert" wird diese (gerechte) Eins-zu-Eins-Bindung durch eine „Zwischenschaltung" von anonymen Leiharbeitnehmern[80], die kritisch zu betrachten ist. Bereits das Wort des „Verleihens" ist ein gewagter Begriff, der eine gefährliche

---

80 Ob die Leiharbeit „gut" oder „böse" ist, ist zum einen die Frage, ob ein Arbeitnehmer 2. Klasse geschaffen wird, der mit der 1. Klasse (Stammbelegschaft) konkurriert und dadurch ein Lohndruck (durch das sog. Lohnabstandsgebot auch auf das Existenz-Minimum) entsteht. Zum anderen auch die Frage, ob die Ver- und Ausleihfirma überhaupt „jemals" die Absicht hatte, den Leiharbeiter tatsächlich „irgendwann" in die Stammbelegschaft zu übernehmen oder ob die Verleihung ein Dauerzustand (Marktmodell, Geschäftspraxis) ist und ein falscher Eindruck erweckt wird.

Nähe zu dem des Eigentums einnimmt[81]. Mag der Einsatz in dynamischen Spitzen einer Produktion dazu dienen den Produktionsfluss nicht aufzustauen und für den Moment der Abhilfe berechtigt sein, so besteht aufgrund des zeitlich kurzen Einsatzes bzw. der Nicht-Zugehörigkeit zur Stammbelegschaft dennoch die Gefahr des „Mottos": „Der Leiharbeitnehmer ist eh nicht lange bei uns im Unternehmen bzw. gehört eh nicht wirklich zum festen Stamm und ist daher (beliebig) „austauschbar", da müssen wir uns dessen Namen auch nicht merken!" (Anonymität). Kurzum: Arbeitgeber und Arbeitnehmer lernen sich nicht kennen und bleiben einander fremd.

Die (absolute) Bindung (Mu, Gott) zu den Dingen ist maßgeblich (existentiell) für das rechte Nutzen der Dinge (Schöpfung). Auch für die des Dinges Geld. Was ist Geld? Zur Beantwortung dieser Frage ergibt sich eine weitere: Wodurch ergab sich der Wunsch (Streben) des Menschen nach einem Ding, das den Namen „Geld" trägt? Ausgehend von dem o.g. Paar von Mann und Frau ist verständlich, dass diese für den Beischlaf kein Geld benötigen und eine Bezahlung durch Geld für ihr Geben und Nehmen als beleidigend und trennend empfinden würden. Die Bindung, die zwischen ihr und ihm besteht, macht Geld bzgl. dieses (menschlichen) Austauschs überflüssig, da bereits deren Dasein kompatibel (einig) ist. Es ist die leere Verbindung, in der sie und er umsonst nehmen und geben. Ohne Ursache und Wirkung. Es ist: „Keine Ursache! Gern geschehen!". Die Überwindung von „Bitte und Danke".

---

81 Anmerkung: „Strapaziert" wird die gerechte Bindung auch durch das Auslagern (Entfernen) von Unternehmensteilen und den Ersatz der Stammbelegschaft durch „billigere" Arbeitskräfte. Dies erhebt die Frage, warum, wenn nach der irrigen Meinung der „Auslagernden" doch „jeder Mensch ersetzbar" ist (vgl. Seite 63/63 „dasselbe") - letzten Endes - nicht auch eine Regierung und ein Parlament ausgelagert werden und es einen „Leih-Bundeskanzler" geben sollte, um Kosten zu senken.

Gehen Sie aber als Kunde in eine Bäckerei und wollen Brötchen kaufen, so erhalten Sie den Zugang (Einigkeit) zu diesen nur über Geld. Denn es ist klar, der Bäcker will Geld für seine Ware und Sie als Kunde wollen diese mit Geld bezahlen. Würde die Frau des genannten Paares dem Mann Brötchen backen, so käme der Mann in deren Genuss (Besitz) wiederum ohne Geld, eben weil er es ist (und sie es ist). Würde er dafür zahlen oder von der Frau aufgefordert zu bezahlen, würde dies wiederum als beleidigend, befremdlich und trennend wahrgenommen werden. D.h. in dem Fall des Kunden und der Bäckerei ist Geld willkommen und Voraussetzung, in dem Fall des Paares störend. Im ersten Fall verbindet Geld, im zweiten Fall trennt es. Im ersten Fall schafft Geld eine Kompatibilität (Einigung) zwischen Kunde und Bäcker, im zweiten Fall ist die Kompatibilität (Einigung) das (Mensch-)Sein. Letztere ist die höchstmögliche (stärkste), da leere (göttliche) Bindung. Deren „Motto" ist: „Ich gebe dir etwas, weil ich dir etwas gebe. Ich gebe aus mir heraus. Den Zugang zu mir erhältst du über dein Menschsein. Mehr brauchst du nicht". So besteht die Gefahr, dass im Wunsch nach einer Einigung (Zugang) mit dem anderen Menschen die Basis der Einigung, in dem ersten Falle Geld, im zweiten Falle Gott (Mu), verwechselt wird und eine Konkurrenznähe entsteht. Ein diesbezügliches Problem des Geldes liegt damit nicht an dem Ding (Ware, Brötchen), sondern in der „Art" der Bindung zu dem Ding.

Dies bedeutet aber nicht, dass der Austausch von Geld nicht auch Gott und damit gerecht sein kann. Sind, um bei obigen Beispiel zu bleiben, der Kunde und der Bäcker sich über den Preis der Ware einig, sodass beide zu ihrer Zufriedenheit zurückbleiben, der Bäcker also sagt, den Preis, den der Kunde zahlt, ist für mich ok, und der Kunde dasselbe sagt, so sehen beide in dieselbe Richtung des Handels und eine menschliche Zuneigung über das vielleicht nette „Guten Tag" hinaus, wird von beiden nicht erwartet. Geben und Nehmen des Geldes ist dann eins und Preis und Wert stimmen, wenn dem Kunden die Brötchen schmecken, überein. Kurzum: Der Einsatz von Geld ist in dieser menschlichen (göttlichen) Einigkeit gerecht. Liegt der Preis für ein Brötchen beispielsweise bei 0,30 Euro, so sind diese 0,30 Euro Mu (Gott). Eine leere (und damit höchste) Verbindung (Einigung) kann jeden Zahlenwert annehmen und ist nicht gebunden an ein Ding, sodass jedes Ding (Schöpfung) gerecht und nicht-gerecht verwendet (sein) werden kann. Demnach liegt auch die Frage des gerechten Arbeitslohnes in der Überwindung der dualen Aussagen von Arbeitnehmer und Arbeitgeber. Arbeitnehmer: „Ich weiß nicht, warum ich für diese Arbeit so wenig bezahlt bekomme", Arbeitgeber: „Ich weiß nicht, warum ich für diese Arbeit so viel zahlen soll". In der Überwindung des „So wenig und So viel" liegt die Einigung auf den gerechten Lohn. Hierbei gilt es zu verstehen, dass diese Einigung umso näher an dem göttlichen (wahren), und damit im selben Moment subjektiven und objektiven Wert liegt (und damit von der Schöpfung gedeckt[82] ist), je „mehr" der Mensch Arbeitgeber und der Mensch Arbeitnehmer in ihrer Selbsterkenntnis[83] vorgedrungen sind. Kurzum: Reife (vernünftige) Menschen sind[84].

Ist der Arbeitgeber (Unternehmer) jedoch als Mensch unreif und damit behaftet in der Relativität des Mehr oder Weniger (Gier), so ist mit ihm eine Überwindung der dualen Aussagen schwierig. Dies gilt im selben Maße für den Mensch Arbeitnehmer. Kurzum: Je reifer der Mensch

---

82 Aus der Deckung ergeben sich Inflation und Deflation

83 Erkennen der Schöpfung

84 Die „Tarifautonomie" gilt nur unter reifen Menschen. Ist diese Reife nicht gegeben, muß der Staat die Reife durch einen Mindestlohn einfordern, um unreife Löhne („Dumpinglöhne") zu vermeiden und so die Balance zwischen den Dualen Arbeit und Entlohnung zu erhalten.

(als Mensch) ist, desto eher wird der existenz-übereinstimmende und damit wahre (gerechte) Lohn gefunden. Ist sich ein Mensch, sei er Arbeitgeber oder Arbeitnehmer, seines Wertes in der Schöpfung nicht bewusst (Selbstwert), so kann eine „Einigung" nur auf der Basis des Geldes erzielt werden, die aber von dem wahren Wert (Gott) differiert, sodass dann eine Ausnutzung des Einen und Anderen erfolgt und keine gedeckte (tatsächliche) Einigung vorliegt. Beide begegnen sich dann nicht auf einer absoluten Augenhöhe. Haben zueinander keinen Zugang (Fremdheit). Ein unreifer Unternehmer ist damit nicht berechtigt zum Handel mit den Gütern der Schöpfung, da er diese nicht recht nutzt (ausbeutet, verbraucht, nicht regeneriert). Ein unreifer Arbeitnehmer nicht berechtigt zu arbeiten, da er dem Unternehmen schadet. Demnach bedarf eine soziale Marktwirtschaft unter dem reifen Menschen nicht der Erwähnung des Sozialen, da es in diesem Menschen bereits beinhaltet ist. Der Markt sich dann (von) selbst regelt, da Gott die Regel (bzw. das Selbst) ist. Sind die Marktteilnehmer jedoch unreif, bedarf es des Eingriffs des absichtslosen Staates (keine Gewinnabsicht) in den Markt. Dieser absichtslose (Nicht-)Eingriff ist sein höchstes Handeln. Der Staat handelt „wu wei". Unterstützt der Staat aber den unreifen Unternehmer, indem er dessen unreife Löhne bezuschußt („aufstockt") und den Menschen durch eine „Sozialgesetzgebung" „auffordert", jede Arbeit, jenseits der Sittenwidrigkeit[85] und ohne Rücksicht auf die Bindung zu der erworbenen Bildung, anzunehmen, so verhindert der Staat die Marktbereinigung, die aus dem berechtigten (leeren) Protest der Nicht-Einigkeit von Nehmen und Geben (Arbeit und Arbeitslohn) entstammt und unterstützt so die Unreife (Unmenschlichkeit) dieses Unternehmers. Ein Unternehmer, der sich nur aufgrund von unreifen

---

85 Ein unreifer Lohn ist nicht zwangsläufig sittenwidrig im Sinne des Gesetzes.

Löhnen am Markt halten kann, darf sich nicht am Markt halten können, da sein Dasein von Können und Dürfen differiert[86]. Es gilt somit nicht „um jeden Preis" Arbeitsplätze zu schaffen, denn wenn der Preis des Marktes die Menschlichkeit ist, so ist dieser Preis zu hoch, und der Markt verliert an Selbstreinigungskraft[87]. Das vermeintlich soziale Handeln des Staates durch die „Aufstockung" begünstigt (d.h. „bezuschußt" im Sinne des Wortes) dann die unreife Lohnzahlung. Begünstigt den egoistischen „bösen Kapitalismus" und widerläuft der belebenden Konkurrenz zwischen dem menschlichen Unternehmer („ehrbarer Kaufmann"), der auf die (menschlichen) Marktkräfte vertraut und dem egoistischen Unternehmer, der einen Teil seiner Lohnzahlung auf den Staat „abwälzt" und damit eher dem Staat statt dem Markt vertraut, sodass er kein Unternehmer ist und auch von Markt und Staat zu überwinden ist.

Eine Konkurrenz (vermeintliche Alternativeinigung) des Geldes zu Gott ergibt sich dann, wenn das „Motto" gilt: „Hier hast du Geld, stell keine Fragen, zweifle nicht, ob eine Bindung zu dem Geld in der Schöpfung besteht. (Hinter)frage nicht, warum du so viel oder so wenig erhältst! Ob das Geld aus deiner Arbeit oder (in Teilen[88]) einer staatlichen Aufstockung entstammt!" Es besteht die Gefahr, dass aufgrund der „Einigung" durch Geld die

---

86 Hilfsverben sind nicht einig, sondern weisen in verschiedene Richtungen

87 Der Selbstreinigungskraft des Marktes ist auch abträglich, wenn ein erheblicher Teil der verbindlichen „Jobangebote" des Staates (Arbeitsamt) die zur Entfremdung beitragende Leiharbeit ist.

88 Kann ein Mensch in seinem Gelderhalt nicht klar (eindeutig) zuordnen „Für was er was von wem" bekommt, muß er also rätseln, ob er für den Staat aufgrund der „Aufstockung" „arbeitet" oder für seinen Arbeitgeber aufgrund des unreifen Lohnes, so trägt dieses Rätseln zu seiner Verzweiflung bei (Hinweis auf das paradoxe Rätsel Kôan Mu – Der Zweifel an den Dingen, um der Verzweiflung zu entgehen).

Frage „Wer bin ich?" nicht gestellt wird. Dass bzgl. Geld überhaupt keine Fragen gestellt werden und das „Motto" gilt, dass „man über Geld nicht spreche" (Tabu). Gott hingegen stellt die Frage der Existenz (beständig), überwindet sie aber bereits im Fragen, da er weiß, wer er ist und durch dieses Wissen bereits die Antwort gibt. So ist Gott (Mu) in (und aus) sich, während Geld seine „Macht" von außen durch Erklärung erhält. In sich ist Geld Metall oder Papier. Gott ist somit niemals erklärt und auch niemals tabu, sondern immer offene Weite, indem er auch die intimste Frage nach seinem Wesen[89] erlaubt und beantwortet. Durch den nicht-gerechten Umgang mit Geld, der Nicht-Übereinstimmung mit der Schöpfung, die der Mensch ist, besteht die Gefahr einen (falschen) Anreiz zu schaffen, indem der menschliche Konflikt, aus dem eine Überwindung der Trennung (Kennenlernen, Zugang) hervorgehen kann, umgangen wird. Das sich Auseinandersetzen müssen mit dem Anderen. Das Herausfinden, wer der Andere ist, was die Frage ist, wer denn ich bin. Ob der Andere es mir wert ist, dass ich etwas leer (umsonst) für ihn tue. Die höchste, da leere Bindung gar nicht erst mehr anzustreben, weil ja durch Geld alles abgegolten ist, statt des Wortes von „Lass es Gott vergelten" („Vergelt's Gott").

War es „böser Wille" des Menschen mit der Schaffung von Wort und Geld eine mögliche Konkurrenz zu Gott (Mu) zu errichten? Sicherlich nicht, es lag eher in dem Geschehen seiner Entwicklung eine vereinfachte Verständigung (Einigung) zwischen den Menschen zu erhalten. Einen allgemeingültigen Nenner zu finden, der aber nur das

---

89 Frage: „Wer bist du?" Antwort: „Ich bin, der ich bin!". Die Beantwortung ist das Erlauben der Frage (und dennoch läßt Gott durch die „Art" der Beantwortung das Erlauben nicht zu, indem er nicht erlaubt, dass er in Frage gestellt wird und sich so wahrhaft zu erkennen gibt). Anders ausgedrückt: Gott erlaubt nichts (Mu), sodass Gott nur Gott erlaubt.

Absolute (Gott, Mu) sein kann. So gilt es zu verstehen, dass das Wort (der Verständigung) nur dann das transportable Wort (Wahrheit) ist, wenn eine existenz-übereinstimmende (existenz-abbildende) Aussage erfolgt. Sei es in dem bekannten (Nicht-)Dialog in der Bibel von (Nicht-)Frager Moses und (Nicht-)Antworter Gott „Wer bist du?" „Ich bin, der ich bin!" Sei es in der Basis(nicht-)aussage des Islam, dass „nur Gott Gott ist" oder sei es Jôshûs (Nicht-)Antwort Mu auf die (Nicht-)Frage des Mönchen, „ob ein Hund Buddha-Wesen habe oder nicht" in dem berühmten Kôan Mu. Jedes Wort, das im selben Moment gegeben und genommen wird, ist damit die Übereinstimmung (Verbindung) von Wort und Ding und beschreibt das Ding wahrhaft. Ist dieses Verhältnis von Geben und Nehmen nicht eins zu eins und besteht damit relativ statt absolut, so birgt diese Relativität eine Loslösung (Nicht-Bindung) und damit die Gefahr der Nicht-Wahrhaftigkeit (Falschheit) des Wortes. Kurzum: Die Gefahr, das gemeinte Ding falsch zu benennen und so unverstanden zu sein. Bzgl. des Geldes besteht in dieser Bindungslosigkeit die Gefahr der „Verselbständigung" des Geldes, d.h. das Geld als Selbst, als Ich, Du, Wir und damit als beseelt anzuerkennen. Sich mit dem Geld zu verwechseln[90]. Zuzulassen, dass sich Geld aus Geld erhebt (Zins)[91].

So kann Gott (Mu), dessen Ebenbild der Mensch ist, nicht aus der Wirtschaft verbannt werden, da er die Wirtschaft (Dinge) ist. Wird der Versuch unternommen, Gott (Mu) mehr und mehr in den Hintergrund zu drängen, indem nicht mehr danach gefragt wird, wer der Mensch ist, der in

---

90 Anmerkung: In der Gottesaussage ist es nicht möglich sich mit dem Wort zu verwechseln, da ein Wechsel nicht erfolgt, da das eine Wort im selben Moment das andere Wort ist und somit keine Alternative zur Verfügung steht. Anders: Gott ist ohne Alternative.

91 Gott erhebt sich aus Gott. Es ist das Erheben aus sich selbst.

meinem Unternehmen arbeitet, bzw. wer der Mensch ist, für den ich arbeite und erschwerend auch eine Einigung (Bindung) alleine durch Geld in einer relativen Entlohnung erzielt, statt des Lohnes zweier reifer Menschen zur Zufriedenheit auf einer Augenhöhe, so muss das Arbeitsklima aus der Natur der Sache (Gott, Mu) heraus missgünstig sein. Es ergibt sich dann die Frage, warum soll ich noch aus mir heraus etwas tun, wenn weder das Menschliche noch das Geld stimmt? Weiterführend bzgl. des Wortes in Sprache und Schrift: Warum soll ich denn noch aus mir heraus etwas tun, wenn es auch in unserer Gemeinschaft für jeden Fall eine Vorschrift gibt? Warum soll ich nicht auch in der Gemeinschaft Mensch nach Vorschrift sein? Warum soll ich Gesetze nicht „bis zum Anschlag" ausreizen? Warum soll ich ein Ehrenamt übernehmen, wenn doch das Geld statt Gott geehrt wird? In diesem Anreiz zur Konkurrenz wird der stumpfe Mensch geschaffen, der einer Gemeinschaft innerlich längst gekündigt hat (Wahlbeteiligung, Politikverdrossenheit) und den nur noch das Geld reizt.

Erwähnenswert in dieser Konkurrenznähe ist in einer klaren Abtrennung des Einen vom Anderen, dass Gott (Mu) nicht in die falschen Hände geraten kann, da eine Falschheit auf dem Weg zu seinem Erkennen abschmilzt und er nur in Wahrheit zu erkennen ist, wohingegen Geld durchaus in die falschen Hände geraten kann. Es ist in gewissem Sinne nicht schwierig viel Geld zu erhalten. Überspitzt ausgedrückt: Ziehen Sie sich aufgrund einer Verbitterung zehn Jahre von allen Annehmlichkeiten (Menschlichkeiten) des Lebens zurück, gehen Sie nur noch arbeiten, schauen fern und dann schlafen, gönnen Sie sich nichts, so haben Sie nach zehn Jahren eine Menge Geld, das Ihnen Ihre Verbitterung „geschaffen" hat. Demnach ein Nicht-Erkennen (Verbitterung) der Schöpfung Ihnen diese Menge „verschaffte", da deren Wesen nicht die

Verbitterung, sondern das Leben ist. Das „Schaffen" nicht schöpferisch war.

Eine weitere klare Abtrennung in dieser Konkurrenz besteht bzgl. des Preises. Während der Preis eines Dinges durch die Umstände des Dinges bestimmt wird, nutzt Gott (Mu) die Dinge (Umstände), die er selbst ist, um diese zu überwinden. Er beantwortet ständig die Fragen der Umstände, sodass sich sein Preis ergibt, der seinem Wert eins ist. Er „handelt" mit sich selbst und bleibt in der Veränderung der, der er ist. Wird demnach mehr nach Gott (Mu) (nach-)gefragt[92], so bleibt er doch eins und ist keinen Schwankungen (Erheben im Fallen) in seinem Preis, der sein Wert ist, unterworfen. Aufgrund dieses Einsseins steht er jedem Einzelnen absolut gegenüber und reicht damit für den und den und den etc. Gott (Mu) ist somit niemals selten, immer da für den Einzelnen, der dann alle ist. Unerschöpflich. Das Angebot Gott (Mu) ist somit auch niemals knapp und damit teurer. Niemals aufgeteilt. Gott (Mu) kann damit nicht unter oder über Wert „verkauft" werden und ist auch niemals die „Katze im Sack". Sein Preis ist auch sein (innerer und äußerer) Wert. Von Außen in das Innere blickend (Transzendenz). Vice versa. Wer Gott (Mu) „kaufen" will, muss seinen inneren Wert finden, dann ist er an einem Preis nicht mehr interessiert und erhält Gott (Mu) umsonst, sodass weder „Kauf noch Verkauf" stattfanden („Mu-(Ver)Kauf"). Anders: Der Mensch erhält die Existenz Gottes.

Was hat die Arbeitswelt (Wirtschaft) von dem leeren Menschen? Von seiner Menschlichkeit? Sie hat davon den leeren (gerechten) Handel. Dieser ist: Ich besitze ein Ding, sei es eine Fähigkeit, Wissen oder ein Material, das der Andere (zur Ergänzung seines Lebens) brauchen könnte, sodass damit dieser leere Handel barmherzige Züge

---

92 Wer bin ich? bzw. Was ist Mu?

annimmt. Je länger der (menschliche) Entfremdungs-Weg zwischen diesem Handel ist, desto mehr besteht die Gefahr der Störung des Wirtschaftlichkeits- und Finanzflusses durch die Egoismen aller am Handel beteiligter Mitarbeiter, indem der Eine gegen den Anderen arbeitet. Um den reibungslosen Ablauf zu gewährleisten, müssen alle Menschen in die Richtung des Handels schauen. Diese einige Richtung gelingt nicht wesentlich über das Verordnen, nicht über ein idealisiertes (inflationäres) Wort von „Teamfähigkeit"[93], die tatsächlich die Fähigkeit des Menschseins (Reife) ist, sondern in der Überwindung der Egoismen durch wesentliches Verstehen der Beteiligten untereinander. Kurzum: Es muss menschlich zugehen. Je länger dieser Weg somit im (absoluten) Abstand zueinander ist, desto mehr bedarf es des (selbstlosen) Mitarbeiters, der für das Eigentliche (Wesentliche) sorgt. Er hält den Betrieb aufrecht, da es ihm um die Sache (Unternehmen, Arbeit) geht.

Der Mensch ist ohne (Mu) Nutzen. Er ist Selbstzweck. Er ist seine (eigene) Freude. Es geht ihm darum, der zu sein, der er ist und an diesem Dasein Genuss (Interesse) zu finden. Diese seinsgegebene Natur betrifft auch seine Arbeit. Um Freude an dieser zu haben und der selbstlose Mitarbeiter sein zu können, müssen Sie eine Bindung zu Ihrer Arbeit besitzen, diese annehmen und loslassen können, indem Sie durch Ihre Selbsterkenntnis die Tätigkeit anstreben, die in Ihnen ist (Interesse) und damit (innerlich bereits) gefunden haben. Der alleinige Anreiz des Geldes ist ein zu schwacher Bindungsversuch. Geht es

---

93 Das Team ist die Synergie, die sich aus der selbstlosen Grenzenlosigkeit der Beteiligten ergibt. Das Team arbeitet „wie ein Ich" und doch ist der Einzelne das gesamte Team, sodass das Team nicht gegen den Einzelnen (vice versa) arbeiten kann. In einem Team gibt es keine zahlenmässige Überstimmung. Der Einzelne zählt „stimmrechtlich" das Ganze: $1+1+1+1+1+1+1+1 = 1$, da das Team mit einer Stimme spricht.

Ihnen alleine um das Geld ohne entsprechende menschliche Bindung, so ist Ihre Arbeit weniger in Ihrem Besitz, sondern Sie werden (eher) zum Eigentum (Sklave) Ihrer Arbeit, von der Sie nicht regenerieren und an der Sie verschleißen.

Für den (reibungslosen) Handel ist von Bedeutung, dass der Einzelne an dem Eintausch partizipiert. Nicht nur durch das Zahlen des gerechten Lohns (Geld), sondern auch erfährt, um was es bei dem Handel geht und nicht zu dem Schluss gelangen muss: „Ich weiß gar nicht mehr, was hier abläuft. Alles wird ohne mich entschieden. An meiner Meinung scheint niemand Interesse zu haben!" Der Einzelne muss in den Eintausch miteinbezogen werden und dadurch die Arbeit beseelen. Dies heißt nicht, dass auch der Hilfsarbeiter in Unternehmensentscheidungen miteinzubeziehen ist, da auch hier gilt: „Jedem zu geben, was jedem ist", dessen Aussage aber die Bindung (Einssein) von Oben und Unten beibehält. Wird der Untere missachtet, kann der Obere nicht geachtet sein. Je mehr versucht wird Sie von der Bindung an das Erarbeitete fernzuhalten, desto mehr müssen Sie davon ausgehen, dass Sie in Ihrer Arbeit ausgenutzt werden und „man" mit Ihnen nichts zu tun haben möchte, außer dass Sie „den Mund halten und arbeiten". Letzten Endes die nicht-ausgesprochene (demotivierende) Aufforderung an Sie Dienst nur nach Vorschrift, ohne jede Eigeninitiative (Mitdenken), zu verrichten und seelenlos zu arbeiten.

In dem reibungslosen (nicht-egoistischen) Ablauf eines Handels liegt die Zufriedenheit aller Beteiligten, die zu weniger Krankheits- und Motivationsausfällen führt. Aber auch zu weniger Arbeitsunfällen, da der Einzelne die Sorgfalt aus sich heraus herstellt und nicht hetzt oder gehetzt wird. Mit den Gedanken bei der Sache ist. Dies führt zu einer Verringerung der hohen psychisch und physisch bedingten Krankheitskosten, die mit der

Arbeitswelt in Verbindung stehen. Kurzum: Das Arbeitsklima ist menschlich, sodass der Mitarbeiter gerne zur Arbeit kommt, sich mit dieser identifiziert und in einem solchen Klima auch eher bereit ist mit einer Erkältung zur Arbeit zu kommen und sich durchzubeißen. Muss er jedoch zu dem Schluss kommen, dass ihm diese Anstrengung sowieso niemand „dankt" (interessiert), meldet er sich arbeitsunfähig und wird einen Arzt finden, der ihm dies auch (länger) bescheinigt.

Die Arbeit in sich zu tragen ist Ihre Motivation (Interesse, „Lust auf Arbeit"). Sie lässt die Duale „Freizeit (Privat) und Arbeit" zusammenrücken. Gelingt Ihnen die Bindung, so verkürzen Sie den Abstand Mu zwischen den Dualen und lassen diese voneinander regenerieren. Diese Verkürzung führt Sie mehr und mehr zur Hingabe, Sorgfalt, Motivation, Geduld, Ausdauer und Kreativität gegenüber den Dingen. Kurzum: Zum liebevollen Umgang auch mit den Dingen, die im Eigentum Ihrer Firma sind, ohne dass dieser verordnet werden muss, da Sie die Quelle (Ursprung) der Genannten sind und sich mit Ihrer Firma identifizieren. Sie beseelen die Firma. Es ist Ihre Firma, für die Sie sich im Falle einer Schieflage einsetzen und nicht dogmatisch auf Arbeitsrechte (Vorschriften) beharren.

Aber besteht denn überhaupt die Möglichkeit die Tätigkeit auf dem Arbeitsmarkt zu finden, die in Ihnen ist? Wie wollten Sie bei hohen Arbeitslosenzahlen ausgerechnet auch noch den Arbeitsplatz finden, der Ihnen entspricht? Der Sie interessiert? Sollten Sie denn nicht froh sein, dass Sie überhaupt irgendeine (beliebige) Arbeit gefunden haben, um sich zu ernähren? Auch wenn diese Fragen nicht außer Acht zu lassen sind, liegt die Chance (Beantwortung) - wie in allen Bereichen Ihres Lebens - in dem seinsgebenen, prinziplosen Prinzip (Gott, Mu) von Ursache und Wirkung. In Ihrem Erkennen, dass es die Natur des Existenz-Kreisweges ist, dass Alpha (Ursache) bei Omega

(Wirkung) „Alpha und Omega" überwindet und diese Überwindung umso „eher" (sprich: treffender) stattfindet, wenn Sie sich weder links noch rechts (Weg der Mitte) bewegen, ist dieses (edle) Wissen (Wahrheit) die Quelle Ihrer Schaffenskraft, die zu Ihrer Zufriedenheit[94] (Überwindung) führt. Anders ausgedrückt: Kümmern Sie sich nicht um die „öffentliche Meinung" (Statistik), sondern finden Sie Ihre Meinung zu (in) den Dingen. Dies ist nicht das Verschließen der Augen vor „Fakten", sondern Sie schaffen (erstreben) die rechten Fakten auf der Basis Ihrer Wahrheit (Wahrhaftigkeit). Sie finden das Ihnen Entsprechende. Das, was Sie verdienen.

Die Schöpfung ist die Dinge, die der Mensch erschafft, indem diese den Menschen ernähren (erschaffen, bewahren). Diese Dinge (Güter) sind gerecht zu verteilen, indem jedem Menschen das zu geben ist, das jedem ist[95]. Anders: Bringe dich als Mensch in Übereinstimmung mit den Dingen. Von dem Zugang zu den Dingen aber hat sich der Mensch mehr und mehr durch den Besitz von Geld, statt Gott (Mu) in der Transzendenz, abhängig gemacht. Nur wenige versorgen sich durch eigenen Boden und können sich aus eigener Kraft ernähren. Der Mensch gibt das gott- bzw. seinsgegebene Recht auf ernährenden Boden an die Gemeinschaft, in die er geboren wird, ab. Diese Gemeinschaft ist nicht die Summe der Einzelnen, sondern der Einzelne ist die (gesamte) Gemeinschaft. Im Gegenzug muss durch sie eine Existenzsicherung erfolgen. Hierin

---

94 „Alpha und Omega" ist Frieden

95 Das sog. Lohnabstandsgebot ergibt sich aus dem (Nicht-)Abstand Mu, indem jedem Menschen das zu geben ist, das ihm (als Mensch) entspricht. Das er (als Mensch) verdient. Die Ausgangsbasis (Wesen) des existenten Menschen ist das Existenz-Minimum. Soll der arbeitende Mensch mehr Geld erhalten als der nicht-arbeitende Mensch, so ist der untere Arbeitslohn anzuheben und nicht das Existenz-Minimum (Sozialleistung) abzusenken, da die Existenz nicht abgesenkt werden kann, da diese ist, wie sie (eben) ist.

liegt deren große Verantwortung, den Einzelnen nicht verhungern zu lassen. Dies ist in weitem Sinne zu verstehen und bezieht sich auf Nahrung im eigentlichen und geistigen Sinne. Der Mensch lebt nicht vom Brot alleine (Bibel: Matthäus 4,4). Wenn es nicht möglich ist ohne Geld am gesellschaftlichen Leben teilzunehmen, so ist dies dem Zusammenhalt (Bindung) der Gemeinschaft abträglich. Die Höhe einer Sozialleistung ist hieran zu bemessen. Sozial ist demnach nicht, „was Arbeit schafft" (Angela Merkel), sondern sozial ist (einzig) der Mensch, denn um zur Gemeinschaft zugehörig zu sein, ist nicht die Arbeit Voraussetzung, sondern Mensch zu sein (Existenz). Diese Bedingungslosigkeit der (absoluten) Existenz des Menschen ist ein starker Hinweis an eine Gemeinschaft auf ein bedingungsloses Grundeinkommen (Existenzeinkommen) durch die Gemeinschaft, das nicht über Arbeit sanktioniert (erpresst) werden kann, da nicht der arbeitende Mensch sozial ist, sondern der Mensch sich als Mensch genügt. Das Menschsein die Arbeit[96] des Menschen für Gott (Schöpfung) ist. Nur dieses kann gefordert und gefördert werden, um in dem Menschen das Interesse an den Dingen zu erhalten bzw. zu erwecken. Die Frage „Wer das bezahlen solle?" ist falsch gestellt („stellt sich nicht"). Sie müsste lauten: Kann es sich eine (menschliche) Gemeinschaft erlauben, mit dem einzelnen Menschen nicht sozial umzugehen? Die Antwort ist ein „Nein", da ansonsten auch die Gemeinschaft verliert und sich einander entfremdet, eben da der Einzelne die Gemeinschaft ist und es in dem menschlichen Verhältnis

---

96 Ist der (reife) Mensch Stahlarbeiter, weil er Stahlarbeiter ist, so ist diese Stahlarbeit die Arbeit für Gott. Sein Herz (Wesen) steht am rechten (Arbeits-)Platz („Fleck").

keine Aufrechnung[97] zwischen Minder- oder Mehrheiten gibt.

So sind alle Dinge geeignet zur Einsamkeit (Fremdheit) des Menschen, wenn das Echte (Wesen) des Dinges nicht „rüberkommt". Nicht transzendent transportiert wird und der menschliche (leere) Austausch nicht stattfindet. Je mehr Sie in dem Zweifel (Dualismus) von „Meint der Andere mich oder mein Geld?", „Meint mein Chef mich oder nur mein problemloses, d.h. niemals fragendes anzweifelndes Arbeiten?" und der damit verbundenen Frage, ob die Bindung durch Gott oder Geld besteht, gefangen sind, desto schwieriger wird die Überwindung dieses Zweifels und der Aufbau einer echten Bindung hin zu dem Anderen. Aufgrund der Verbundenheit (Einssein) aller Dinge, werden Sie dann auch in anderen Lebensbereichen Probleme haben einen echten Zugang zu den Dingen zu finden. Sie werden es in Ihnen selbst nicht mehr finden, wie Sie es denn meinen und hin- und hergerissen (verzweifelt) sein.

Der Mensch sollte in allen Bereichen seines Lebens auf „Null" im Sinne von Mu (Gott) stehen, „das" – wie erwähnt - alle Zahlen annehmen kann. Er sollte in jeder Hinsicht mit jedem „abgerechnet" haben, um zur Absolution (Wert) zu gelangen und seinen Wert zu wahren. Er sollte keine Rechnungen offen haben und sich nicht unter oder über Wert verkaufen. Demnach: Lassen Sie Ihren Wert nicht in der Anonymität, sondern werden Sie sich Ihres Wertes bewusst, sodass er namenlos wird und (wie) selbstverständlich zu Ihnen gehört. Dieser innere Wert sollte in einem äußeren Preis (Lohn, Gelderhalt) seinen Ausdruck durch die Schöpfung finden. Findet er

---

97 Die Menschlichkeit (Leerheit) ist absolut, sodass gilt: Menschlichkeit (Freiheit) für alle oder keinen, s.a. Malcolm X „It is freedom for everybody or freedom for nobody.", Unteilbarkeit der Würde des Menschen

diesen entsprechenden Preis nicht, ist dies tragisch. „Haben" Sie also immer das Geld Mu, immer das Geld mit dem Sie Ihre Zufriedenheit finden und zurechtkommen. Wenn sich Zen in Ihnen vertieft, erkennen Sie mehr und mehr Ihren Selbstwert. Sie können nicht mehr erpresst werden und sind unverkäuflich. Ihr Leben ist ganz und gar umsonst (unbezahlbar). Anders: Ihr Leben ist das Leben. Wiederum anders: Sie sind Sie. Authentisch.

Hat der Hund Buddha-Wesen oder hat er keines? Die Antwort ist Mu. Demnach: Bejahen Sie, so haben Sie Mu verloren. Verneinen Sie, so haben Sie Mu ebenfalls verloren. Aus dem schmalen Grat (Messers Schneide) der Balance (Weg der Mitte) ergibt sich die Gefahr der ständigen Überreizung (Gier, Sucht) durch ein Anhaften an eine Duale. Die Gefahr den Einen (Gott, Mensch) in Allen nicht mehr zu finden, indem das Versprechen (Definition) des Wortes und des Geldes ständig überhöht (idealisiert) wird und der Mensch nichts mehr in und aus sich heraus (umsonst, „Ehrenamt") tut. Dann besteht eine Gemeinschaft nicht, und der Eine ist gegen den Anderen. Dann findet kein Zusammenleben statt, sondern dann ist Unfriede (Streit, Krieg). Der Mensch ohne Bindung zu dem Absoluten (Gott, Mu). Dann ist er berechenbar, käuflich und erpressbar. Die Schöpfung verraten und verkauft und alle Versprechen, auch das seinsgegebene[98], verlieren ohne Hinterlegung in der Schöpfung (Deckung, Transzendenz) die Basis. Damit Bedeutung und Stütze.

Es ist befremdend (paradox), dass es in der Sache (überhaupt) geschehen (vorkommen) kann, wessen Versäumnis (Unaufmerksamkeit) auch immer zu diesem Moment führte, durch eine Straße zu gehen, links und rechts flankiert von Lebensmittelgeschäften und wegen des Nicht-Besitzes von Geld zu hungern. So nah und doch so

---

98 das (Nicht-)Wort Gottes

fern zu sein. Dass es geschehen kann, sich einsam unter Hunderten von Menschen zu fühlen. Ohne Bindung zu dem Anderen (Nächsten). Das namenlose Ebenbild Gottes zu sein und dennoch anonym durch die Straßen zu wandeln. Wiederum so nah und doch so fern zu sein. Dass es geschehen kann, arbeitswillig zu sein und keine Arbeit zu finden. Über jahrzehntelange Arbeitserfahrung zu verfügen und dennoch nicht gehört zu werden. Den Menschen in einer Gemeinschaft nicht nach seiner Fähigkeit als Mensch zu beurteilen, von der alle Führung ausgeht. Dass es geschehen kann, täglich hart zu arbeiten und dennoch von dem Lohn nicht leben zu können.

Der Mensch muss auf die (seine) Bindung zur Schöpfung achten. Aufmerksam sein. Nicht aus einer angenommenen (verordneten) Haltung heraus. Eine Haltung einzunehmen ist zu schwach. Es muss die Natur jedes Einzelnen sein, um zu bewahren. Jeder Mensch muss seinsgegeben angewidert sein von der Zerstörung der Schöpfung. Von dem Opfer jedes Einzelnen. Von der Er- und Auspressung der Dinge, die er ist.

Der Soldat

Darf ein Mensch Soldat sein, oder ist das Soldatendasein „automatisch" Gewalt? Er darf Soldat sein, wenn dieses Dasein (der Wahrung) der Schöpfung dient. Ob es ihr dient, entscheidet der Mensch als Mensch. Anders: Die Dinge entscheiden. Religiös: Gott entscheidet. Sind Sie leer (Selbsterkenntnis), so nehmen Sie die Schöpfung unmittelbar in der Transzendenz wahr und sind so nahe ein Mensch ihr sein kann. Diese Nähe Mu berechtigt Sie zur Verteidigung der Schöpfung. Sie ist immer das Geschehenlassen (passiv) und kann auch (das Geschehenlassen des) „Angriff(s)" sein, da Mu richtungslos ist.

Als Soldat dienen Sie einzig der Schöpfung, sodass, religiös ausgedrückt, Ihre Loyalität einzig Gott (Buddha) gilt. Nur ihm sind Sie zum „Gehorsam" verpflichtet. Anders: Die Gesetze der Gemeinschaft, derer Sie angehören, und die Sie in einen Einsatz entsenden, müssen dem Schutz des einen Dinges (Menschsein, Dasein) dienen. Dienen diese ihm nicht, berechtigt es Sie aufgrund der Nähe Mu zur Befehlsverweigerung (Widerstand). In Ihrer Leerheit erkennen Sie wesentlich das Nicht-Dienen, auch wenn Sie alleine stehen. Ihre Nähe Mu berechtigt Sie zum Alleinestehen, in der es keine Mehrheitenabstimmung gibt und Ihr Gewicht aufgrund der Nähe Mu „schwerer" wiegt als das der Anderen. Sie alleine die gesamte Welt tragen. Das Erkennen des (Nicht-)Dienens ist Ihr Gewissen. Ihr Wissen um Gott (Mu).

Ein „guter Soldat" ist somit nicht derjenige, der widerstandslos (beliebig) Befehle befolgt, sondern der das Menschsein erkennt und sich von diesem auch nicht durch das Tragen der Uniform trennt. Der auch durch die Gleichmachung und Tarnung (erkennbar) der Eine (Mensch) unter den Anderen bleibt. Der barmherzig ist auch im „härtesten Kampf" und lediglich das gibt und nimmt, was er im Sinne der Schöpfung nehmen und geben muss. Nichts hinzufügt und nichts wegnimmt.

Als ein (menschlicher) Soldat dürfen Sie töten, wenn das Töten bei Mu (Gott) liegt, demnach geschieht, wenn es geschieht. Geschieht es in Ihrer Leerheit, die Sie die Schöpfung erkennen lässt, so geschieht es nicht leichtfertig. Damit absichtslos. Damit gewaltlos. Es gilt dann: Sie töten, wenn Sie töten.

Gilt die Aussage „Du" oder „Ich"? Ist Ihr Leben wichtiger als das des Anderen? Ihr Leben besitzt die Wichtigkeit Mu, d.h. Ihres ist einzigartig und kann nicht mit dem des Anderen verglichen werden. Vice versa. Es ist: Sie sterben im Kampf, wenn Sie im Kampf sterben. Der Andere stirbt im Kampf, wenn er im Kampf stirbt. Anders: Ihr Leben ist wichtiger als das des Anderen, das wichtiger ist als das Ihre. Es findet keine Relativität statt. Wiederum anders: Der Mensch ist der Mensch, sodass gilt „Du und Ich".

Können Sie den Schrecken des Kampfes nicht vergessen (loslassen), ist Ihnen die Möglichkeit gegeben, sich wesentlich der Praxis des Kôan Mu (siehe Seite 171) zu widmen, um die Fähigkeit des Vergessens zu erwerben und so der Schrecken, der sich (in) Ihnen erhebt, in der Erhebung fällt und auf Ihr Menschsein verweist. Dieses menschliche Dasein ist nackt. Leer. Ohne Rangabzeichen, ohne Ehre, ohne Mut, ohne Tapferkeit, ohne Stolz, ohne Sieg und ohne Niederlage. Dieses Dasein ist alles, was Sie sind. All das, was Sie sein können. Zu sein ist Ihr höchster Rang. Ihre größte Ehre. Ihr größter Mut. Ihre größte Tapferkeit. Ihr größter Stolz. Ihr größter Sieg und Ihre größte Niederlage. Ihr größter Einsatz. Ihre größte Auszeichnung.

Verliehen wird Ihnen dieser (Nicht-)Orden vom „Oberbefehlshaber", dem einen Ding, von dem jeder Wille

(Sein) ausgeht. Religiös: Von Gott. Nur er darf Sie in Leben und Tod auszeichnen, da nur er Leben gibt und nimmt. Der Nicht-Orden besitzt die Sichtbarkeit Mu. Nur wer ihn sieht, sieht ihn. Nur wer erkennt, erkennt.

Die Haft

Sie sind umgeben von den Dingen, die Sie sind. Haben Sie dies wesentlich verstanden (erkannt), so haben Sie auch Ihre Trennung (Meinung) zu den Dingen überwunden und transzendieren diese, stehen „über den Dingen" und „wandeln" in dem Nichts, das Alles ist. Anders: Sie sind umgeben von Mu (Gott), erkennen Mu und damit auch Ihre Grenzenlosigkeit, Ihr Dasein über alle Grenzen (Dinge) hinweg.

In diesem Nichts „sind Sie frei, auch wenn Sie in Ketten liegen" (Friedrich Schiller). Frei, auch wenn Sie von Mauern und Gittern umgeben sind. In diesem Nichts (Mu) sind Strafe, Schuld und Urteil überwunden. „Dort" wollen Sie (nur) das, was Sie tun, was Sie können, was Sie sind[99]. Es gibt kein schmerzendes Verlangen. Keine Sehnsucht. Dies ist nicht zu verwechseln mit Stumpfheit. Sie sind sich den Dingen (klar) bewusst. Sind wach und lebendig. Demnach: Sind Sie ein Mensch in Haft, gelten diese „Gesetzmäßigkeiten" des Lebens auch für diesen Moment.

Gaben Sie Gewalt, so war dies auch Ihr Nehmen der Gewalt, durch die Sie verhärteten. Kommen Sie zur Sicht des Einen (Gott), so kommen Sie zur absoluten Sicht (Einsicht): Der Sicht aus den Augen der Schöpfung. Sie ist Ihre Rückkehr zur Gewaltlosigkeit und überwindet Ihre Härte hin zum Fließen (Transzendenz). Hin zur Sensibilität gegenüber sich und den Anderen, aus der heraus Sie Verzeihen und Nicht-Verzeihen erkennen. Aus der Sie wissen um Aufeinanderzugehen und Getrenntbleiben. Wissen um die Dinge (Umstände, Situation). Dies ist ebenso Ihr Erkennen, was Sie dem Anderen gegeben (angetan) oder nicht gegeben haben (Mangel), in dem Sie auch erkennen, dass Sie der Andere sind und damit sich angetan haben.

---

99 Verben nähern sich einander an

Sind Sie in der Haft einsam und der Meinung, dass Sie von der Welt vergessen (verloren) sind, lassen Sie diese Meinung fallen. Sie können den Dingen, die (Sie) sind, nicht verloren [100] gehen. Religiös: Gott (Buddha) vergisst Sie nicht. Sie können ihm nicht verloren gehen. Dies ist kein Wunschdenken, sondern in der Schöpfung so angelegt, so „gewollt". Es ist Gottes Natur.

Sind Sie verzweifelt und finden keine Ruhe, ist Ihnen die Möglichkeit gegeben, sich wesentlich dem Kôan Mu zu widmen, das Ihnen niemand „stehlen" (nehmen) kann, da es eine (gottes-)gedankliche Arbeit ist. Anders: Wenden Sie sich Ihrem Selbst (Wesen) zu, das diese Zuwendung (Beachtung) braucht. Religiös: Sie erkennen, dass Gott (Buddha) „freiwillig" mit Ihnen in Haft bleibt. Er Ihr ständiger Kontakt (Bindung) innerhalb und außerhalb der Mauern ist.

Die Arbeit mit dem Kôan Mu ist eine den „Schmerz des Daseins" lindernde „Droge", durch die eine „Bewusstseinsveränderung" hin zum Bewusstwerden der Wahrheit (Mu) erfolgt. Sie ist nicht auslaugend, sondern dessen Gegenteil: Der Aufbau von (innerer) Stärke. Von dieser „Droge" können Sie nicht abhängig werden, da sie gerade das Nicht-Abhängigsein (Nicht-Anhaften) anstrebt. Diese „Droge" ist umsonst (unbezahlbar). Mit ihr kann nicht gehandelt werden. Nicht nach ihr durchsucht werden.

Arbeiten Sie in der Haft mit dem Kôan Mu, so nutzen Sie damit den Moment der Haft, um erkennend (weise) zu werden. Die Weisheit hilft Ihnen den Moment Ihrer Haft wesentlich zu verstehen und auch nach diesem zurechtzukommen. Wesentlich zu erkennen, wer Innen und Außen, Freund und Feind ist. Diese ist keine „anzulesende

---

100 Da Mu alle Dinge ist, hell und dunkel, links und rechts, oben und unten, alleine und zusammen, Zeit, Ort und Dasein, findet der Mensch in Haft auch in der Dunkelzelle die Richtung, die Mu ist.

Schulbuchweisheit", sondern die dem Menschen inneliegende Fähigkeit zur (rechten) Unterscheidung.

Verstehen Sie, dass der Unterschied zwischen Ihrem Leben und dem des Anderen Mu (Gott) ist. Sie leben Ihr Leben, der Andere lebt sein Leben. Sie sind verantwortlich für Ihres. Der Andere für seines. Das Leben verbindet Sie und den Anderen und eint den Unterschied. Je „mehr" Sie dies erkennen (verstehen), desto „mehr" kommen Sie mit sich und dem Anderen zurecht und teilen das Leben (Schöpfung) miteinander in Einigkeit. Religiös: Gott will von jedem Einzelnen gefunden werden. Anders: Sie können den Weg zu Mu nur über Ihr Selbst (Wesen) gehen (Selbstverantwortung).

Die Aussicht (Richtung) Ihrer Haft ist (immer) Mu (Gott). „Es" ist das, was Sie zu erwarten haben. Ist es die Haft, so ist es die Haft. Ist es das Ende der Haft, so ist es der Anfang der Nicht-Haft. Erwartet Sie die Todesstrafe, ist Ihr Ausblick noch immer Mu. Seien Sie in diesem Wissen beruhigt, dass Ihnen nichts (Mu) geschehen kann. Tragen Sie nichts (Mu) mit im Moment Ihres Todes, so nehmen Sie sie nicht an, um sie zu akzeptieren. Ihr Ende ist der Beginn. Religiös: Gott (Buddha) stirbt an Ihrer Stelle und erhebt sich im Moment des Sterbens.

Ein Gericht darf Ihre Schuld oder Unschuld feststellen, wenn es dem „Gesetz" der Schöpfung (Wahrheit, Weisheit) folgt. Folgt es ihm nicht, ist es nichtig und bedarf nicht Ihrer Würdigung. Das höchste Gericht ist das Gericht Mu (Gott): Dieses ist Exekutive, Legislative und Judikative im selben Moment, sodass Sie durch Ihr handelndes Dasein im selben Moment das bekommen, was Sie handelten. Dieses Gericht ist ernst und kann nicht verhöhnt werden, da Mu (Gott) keinen Hohn annimmt. Es muss anerkannt werden, denn es ist die Dinge, die Sie sind. Die Sie umgeben. Es ist existentiell, sodass ihm nicht

„entkommen" werden kann. Ihre Flucht das Dasein ist. Es „verurteilt" Sie in seiner gnadenreichen (barmherzigen) Autorität zu der Suche nach dem Menschen als Menschen. Dem Ding als Ding. Hierzu sind alle, die sind, vereint „verurteilt", sodass das Urteil gerecht (absolut) ist.

Erkennen Sie Ihr Menschsein, so ist der Moment Ihrer Haft nicht vertan, sondern dient Ihnen und dem Anderen. Dann spricht das Gericht Mu Sie in der höchsten „Instanz" frei. Könnte dieser Freispruch ein Problem für das „Opfer" sein? Nein, denn er erfolgt nur in Ihrer wesentlichen Einsicht. Mehr oder weniger kann niemand von Ihnen erwarten, da Sie alles und nichts geben. In der Einsicht sehen „Opfer und Täter" in dieselbe Richtung (Gott, Mu) und überwinden das Geschehene.

Zusammensein

Das Weibliche sucht (begehrt) das Männliche. Das Männliche sucht das Weibliche. Wer mit dem Suchen begann, kann nicht festgestellt werden, da nicht festzustellen ist, ob Omega (das Eine) schon da war, als bei Alpha (das Andere) „losgegangen" wurde. Wird dennoch versucht dies herauszufinden, so „erhält" der Versuchende einen in der Unendlichkeit „verschwindenden", kleiner und kleiner werdenden Punkt, sodass ein Streit (Diskussion) darüber, „Wer über wem steht", ohne Anfang und Ende ist, somit nie begonnen hat und niemals endet. Anders ausgedrückt: Ein Streit darüber ist bereits in dem Moment beendet, als er begonnen wurde. Er führt zu Nichts (Gott, Mu). Wiederum anders: Die Frage stellt sich nicht. Sie ist eine konstruierte (definierte) Frage, die sich nicht aus dem Dasein (als Dasein) ergibt[101].

Der nicht-gedachte Gedanke (Gott, Mu) ist im selben Moment Weiblich und Männlich, aber kein relatives Verhältnis (Mischung), sondern ein absolutes, in dem das Weibliche absolut (vollkommen) und das Männliche absolut (vollkommen) bestehen. Das (göttliche) Verhältnis des Weiblichen zum Männlichen ist eins (1:1). Jeder Einzelne ist das Ganze (100 %). Dies gilt für den einen und anderen Menschen, da Gott (Mu) alle und keine (Körper)Formen annimmt und alle Menschen den nicht-gedachten Gedanken denken (existieren), somit Frau und Mann, den hetero- und homosexuellen (lesbischen) Menschen.

Wird in der sog. „Gleichberechtigung" (Emanzipation) zwischen Frau und Mann der Versuch unternommen Weiblichkeit und Männlichkeit gegeneinander aufzurechnen

---

101 grundlos, d.h. ohne Wesensfundament gestellte (abzielende, beabsichtigende) Frage. Anders ausgedrückt: Eine Frage, die nicht gebraucht ist, ohne Not gestellt ist, unnötig ist und sich dem erkennenden Menschen nicht stellt.

(abzurechnen), wird dieser der Vollkommenheit von Frau und Mann nicht gerecht, da beide als absolute Ganze nicht berechnet werden können, eben da beide nicht teilbar sind. Werden diese geteilt, bleiben sie dennoch eins. Wird trotzdem versucht gegeneinander aufzurechnen, verlieren Frau und Mann, sodass gilt: Ist die Frau nicht zu erkennen, so ist der Mann nicht zu erkennen. Vice versa. Anders: Je „mehr" Sie Mann sind, desto „mehr" ist sie Frau. Vice versa. Die wirkliche „Gleichberechtigung" ist somit: Ist die Frau ungehört, wird der Mann nicht verstanden. Vice versa. „Gleich" bedeutet demnach, dass Frau und Mann eins sind. Anders ausgedrückt: Sie steht unter ihm, der unter ihr steht. Beide überwinden damit Oben und Unten.

Die Suche nach dem Einen (Absolute, Gott) ist auch die Suche nach der „einen Frau" bzw. dem „einen Mann" für das gesamte Leben, die bzw. der allen Lebensumständen gerecht wird. Aber sie ist ein „Missverständnis" des Absoluten, denn das Absolute ist der Moment, für den Sie mit dem Anderen zusammen sind und Ihre Beziehung (Bindung) eins, vollkommen, absolut, göttlich, ist und die absolute „Mathematik" „Eins plus Eins ergibt Eins" gilt. Ob dieser Moment aber Ihr gesamtes Leben oder nur einen Augenblick (Flirt) reicht, liegt bei den Dingen (Mu, Gott). In Ihrer Leerheit, der Sie den Moment (Gott) erkennen lässt, können Sie (diesen) „nur" geschehen lassen. Können nicht eingreifen. Dieser Nicht-Eingriff (wu wei) ist Ihr höchstes Handeln, um den Moment nicht zu (zer)stören.

Erkennt die Frau Ihr Wesen (Selbst, Mu), geht sie nicht nur als „böses Mädchen in den Himmel", sondern überwindet Gut und Böse und damit Himmel und Hölle. Kurzum: Sie geht, wohin sie geht. Dies gilt im selben Maße für den Mann. Die Freiheit überall und nirgendwo (in Frieden) hinzugehen, ist notwendig (existentiell), damit Weiblichkeit und Männlichkeit in einem absoluten und damit gerechten (entsprechenden) Verhältnis zueinander finden. Wurde zueinander gefunden, so ist die Bindung (Beziehung) die Freiheit, jeden Moment zu bleiben und zu verlassen, die in Ihrer Leerheit keine Beliebigkeit ist.

Aus dem Erkennen Ihres Wesens bemisst sich der „Grad" Ihres Nicht-Egoismus (Leerheit), der auch der „Grad" Ihrer Beziehungsfähigkeit (Fähigkeit zur Bindung) ist. Er ist die Lebendigkeit der Beziehung, in der Sie und der Andere derjenige sein dürfen, der Sie und der Andere sind. Den Anderen zu akzeptieren als den, der er ist, bedeutet nicht „alles" in der Beziehung „klaglos" hinzunehmen. Die Akzeptanz wird (ist) erst grenzenlos durch die Nicht-Akzeptanz, d.h. indem Sie „alles" an dem Anderen akzeptieren, akzeptieren Sie auch, dass Sie nicht „alles" an dem Anderen akzeptieren („Spannungsfeld"). Dies ist Ihre Berechtigung zum Geschehenlassen von Grenzen, um grenzenlos (selbstlos) zu sein. Um der Mensch zu sein, der Sie sind, sodass Ihre Menschlichkeit (die auch die des Anderen ist) die Grenzen Ihres Zusammenseins bestimmen.

Worauf (wem) können Sie vertrauen? Einzig auf Mu (Gott), somit darauf, dass der Andere der ist, der er ist. Die Dinge tut, die er tut. Dies gilt im selben Moment für Sie. Je „höher" somit Ihr Vertrauen in Sie selbst (Wesen, Mu) ist, desto „mehr" sind Sie fähig dem Anderen zu vertrauen. Dies ist nicht das blinde Vertrauen, sondern das Erkennen (Beweisen, Descartes) des Handelns des Anderen. In der (verzweifelten) Aussage der (eifersüchtigen) Angst um den Anderen, die lautet: „Soll er (bzw. sie) doch machen, was er will!" gilt: Ist der Andere Mensch (als Mensch), so will er nur das, was er kann, was er darf, was er ist. Die Hilfsverben vereinen sich zu dem Verb des Daseins, sodass das Dürfen durch die menschlichen Grenzen bewahrt wird. Sie dem Anderen (vice versa) in den offenen Grenzen (Gottes) Raum geben. Dieses „Raumverständnis" von Ihnen und dem Anderen ist mehr und mehr dasselbe (eins), je „mehr" Sie und der Andere in dieselbe Richtung, die der Beziehung, schauen. Diese Beziehung ist größer als Sie und größer als der Andere und doch sind Sie im selben Moment die (gesamte) Beziehung und („auch") der Andere ist die (gesamte) Beziehung. Dies ist die Gemeinsamkeit, in dem der Einzelne seine Souveränität bewahrt. Kurzum: Zwei ist (sind) eins. Anders: Die Beziehung ist göttlicher Natur.

Das (verlässlichste) Zusammensein ist in und aus sich heraus: Das Zusammensein als Zusammensein. Dieses bedarf keines Segens, keines Versprechens, keiner Rechtfertigung, keiner Absicht, keiner Erklärungen, keiner Worte. „Es ist eben so!" ist alles, was es ist. Dass „es eben so ist", ist (sind) bereits die jeweils Genannten. Benennen (definieren) Sie das Zusammensein, so erhebt sich die in Kapitel „Mensch, Arbeit, Besitz, Geld" beschriebene „Gefahr" der Idealisierung: Der Überhöhung der Begriffe. Namen und Worten wie „Freundschaft, Partnerschaft, Liebe etc." „hinterherzulaufen", um diesen gerecht zu werden. Dies gilt im selben Maße für das Versprechen der Ehe. Was denn eine „gute oder schlechte Ehe" sei. Dies schadet dem leeren Zusammensein. Besteht dieses nicht, verliert die Benennung (Definition) ihre Bedeutung. Ihr tragendes Wesensfundament. Machen Sie sich ein Bild (Begriff) von der „Liebe", indem Sie an (nicht-existenz-übereinstimmenden) Moralvorstellungen oder romantischen Idealen anhaften, so erkennen Sie nicht das, was (wahrhaft) ist, und verlieren die Existenz-Übereinstimmung (Wahrheit). Kurzum: Das, was ist, ist die Liebe. Die Romantik. Die Moral. Anders: Sie sind die Liebe [102], die Romantik, die Moral.

Das Versprechen der Ehe erhebt, wie alle Versprechen, die Frage: Wer kann (darf) versprechen? Da einzig Mu (Gott) bleibend in der Veränderung (Zeit) ist, kann nur Mu (Gott)

---

102 Song Nena: „Liebe ist, so wie du bist"

versprochen werden. D.h. das Einzige (das alles ist), was Sie (dem Anderen) versprechen können ist, dass Sie morgen der sind, der Sie morgen sind und übermorgen derjenige, der Sie übermorgen sind. Sie versprechen somit Ihr Menschsein, das das Bleiben und Verlassen ist (beinhaltet). Dies ist das leere (absolute) Versprechen. Der Moment. Ist dieser vorbei, ist Ihre Ehe vorbei und damit auch das Eheversprechen. Eine Scheidung[103] nur ein formeller Akt. Anders ausgedrückt: Der geschehende Moment ist stärker als Ihr abzielendes Wollen (Wünschen).

Das leere Versprechen kann Ihnen nur in Ihrer (erkannten) Freiheit „abgerungen" werden. Zwangsehen sind Hier und Dort nicht möglich, da erzwungene „Versprechen" von der Schöpfung (Gott) nicht gedeckt und damit keine Versprechen sind. Gott (Mu) verneint würde. Ein erzwungenes „Ja" das Wesensfundament des „Nein" besitzt. Ein Eheversprechen somit aus der Natur der Sache (Gott, Existenz) nur derjenige geben kann, der frei ist. Der erkennt, dass das „Ja, ich will!" der Wille zum Menschsein und damit ein absolutes Wort ist. Der damit absichtslos gegenüber dem Anderen ist und nichts als dessen Wohlergehen (Entfalten des Daseins) im Sinn hat. Letzteres ist keine Absicht, da es im menschlichen Verhältnis keiner Erwähnung bedarf. Es ist die Aussage: „Nimm mich, wie ich bin. Ohne Absicht, grundlos, ohne Garantie. Frage nicht nach dem Warum. Nimm mich, weil ich es bin. Zeige mir deine Liebe, indem du dich mir zeigst (Nähe)". Anders: Das Eheversprechen kann (darf) nur derjenige geben, der sich und damit auch den Anderen in seinem Wesen (Herzen) erkennt. Dann weiß dieser auch um die Freiheit.

---

103 Eine Ehe, die vor „Gott" geschlossen wird, darf geschieden werden, da die Dinge (Gott, Umstände) Sie zusammen- und auseinandergeführt haben. Das Eheversprechen geben Sie dem (nicht-beliebigen) Lauf der Dinge (Gott). Sie versprechen menschlich (lebendig) zu bleiben, indem Sie das eine Ding bejahen (Ja-Wort).

Um das Zusammensein zu (be)wahren, bedarf es Ihrer Aufmerksamkeit gegenüber der Balance (Mitte) von Geben und Nehmen. Dem Moment des Wechsels dieser Duale. Ist dieses Verhältnis nicht eins (absolut), gerät das Zusammensein aus der Balance und wird überlastet. Wird relativ(iert), Wird mehr zu dem „Ich" oder „Du", statt des „Ich und Du". Dieser Moment der Überlastung kann nicht berechnet[104] werden, da dieses kein 50 : 50 ist, das ein relatives Aufrechnen von Geben und Nehmen wäre. Vertieft sich Zen in Ihnen, werden Sie sensibel gegenüber sich und dem Anderen und erkennen den „einen Tropfen, der das ganze Fass zum Überlaufen bringt". Erkennen das eine Wort zuviel. Erkennen was Ihnen und dem Anderen, und damit der Bindung (Beziehung), fehlt („nervt"), um eine erneute Balance zu finden. Diese Sensibilität lässt Sie auch erkennen, dass Sie mit dem Anderen nicht (mehr) zusammen sein „möchten" und diesen verlassen, um derjenige zu bleiben, der Sie sind. Anders: Sie „verbiegen" sich nicht. Strengen sich nicht an. Es bedarf nicht Ihrer Mühe. Sie bleiben in jedem Moment Ihres Daseins authentisch und ruhen (entspannen) in sich, wenn Sie mit sich sind und ruhen in sich und dem Anderen, wenn Sie mit sich und dem Anderen sind.

Das „Höchste", das Sie dem Anderen geben und nehmen können, ist Mu (Gott), sodass es immer das Benötigte (Gebrauchte) ist und Sie den Anderen zur Göttlichkeit ergänzen (vervollkommnen). Ihre „Bedingung" ist Alles und Nichts zurückzuerhalten. „Da" „Alles und Nichts" Mu (Gott) ist, ist Ihre „Bedingung" keine Bedingung, sondern menschlich berechtigte „Forderung". Bedingungslos sind auch die Worte „Ich liebe Dich!" und bedürfen daher (nicht) der Erwähnung. Sie sagen diese Worte, wenn Sie sie sagen und sagen sie nicht, wenn Sie sie nicht sagen, sodass Sie diese nur in Ihrer Freiheit sagen. Absichtslos. Dann

---

104 Vielleicht durch die Relativitätstheorie – Kritische Masse?

sind es die Worte, die (schön) sind. Die in dem Moment gesagt und gehört werden sollten. Ihre Worte „zielen" leer und finden daher das Ziel (Herz, Wesen). Werden von Ihnen nicht „inflationär" eingesetzt und nutzen sich nicht ab. Regenerieren. Werden, wenn gebraucht, gehört und verstanden. Kommen (immer wieder) an.

Die körperliche (und geistige) Vereinigung zwischen Frau und Mann, in der beide miteinander verschmelzen und das Geschlechtsteil des Mannes weder ihr noch ihm zuzuordnen ist, somit im selben Moment beiden und keinem „gehört" und damit die leere Verbindung ist, ist der deutlichste „Beweis" der „menschlichen Natur" für das Einssein (Transzendenz) und das Entspringen von Leben durch die Überwindung des Dualismus. Dies ist die Vereinigung des Äußeren mit dem Inneren. Ihre Fähigkeit in der Spannung zu entspannen, sich demnach fallen- und sich auf die Weiblich- bzw. Männlichkeit einzulassen, ist Ihr Genuss dieser Vereinigung. Diese ist bereits das (geistige) Entstehen (Schaffen) von Leben (Lebendigkeit), aus der („zusätzlich") eine körperliche Geburt (Leben) hervorgehen kann. Letztere erfolgt nicht zwingend, sondern liegt im Geschehen der Dinge (Umstände), sodass auch der Vereinigung von Lesben und Homosexuellen Leben entspringt und diese somit keine Umkehrung des Lebensprinzips (Perversion) darstellt. Was auch sollte dem nicht-heterosexuellen Menschen vorgeworfen werden, „außer" dass er der Mensch ist, der er ist?

Aus dem Frieden (Einssein) von Weiblichkeit und Männlichkeit ergibt sich Ihre Befriedigung, indem Sie sich der Weiblich- bzw. Männlichkeit hingeben und diese annehmen. Es ist das (Hin-)Geben, um (an)zu nehmen (empfangen). Der Höhepunkt dieser Vereinigung ist die Rückkehr zum Ursprung. Die Veränderung Ihres Wesens. Ihre Regeneration. Er ist das „Aufeinandertreffen" von dem „Einen (Alpha) auf das Andere (Omega)" und geschieht. Je „mehr" Sie mit den Dingen, die auch Sie sind, einig sind, desto „höher" ist Ihre Fähigkeit zu dessem Erreichen (Leidenschaft).

Ist der Moment des Zusammenseins vorbei, erkennen (akzeptieren) Sie das Vorbeisein. Werden Sie verlassen, kommen Sie zurecht. Verlassen Sie, kommen Sie auch zurecht. Verlassen und Verlassenwerden ist dieselbe Richtung (Mu, Gott) und geschieht in Ihrer Freiheit. Ohne Angst, ohne Reue, ohne Mühe, ohne Drohen. Ohne Anhaften an das Vergangene, um frei zu sein, indem der Blick auf das Neue hilft, das Alte zu überwinden.

Das Erlangen von Weisheit

Wer Mu schaut und damit die Schöpfung erkennt, ist weise. Mu ist das Weise selbst. Anders: Die Wahrheit liegt in dem Erkennen der Dinge, an dem sich alle Lehren orientieren müssen, damit diese von Wert sind. Religiös: Gott (Buddha) ist weise. Er ist der (höchste) Lehrer. Sie lernen von ihm. Nicht religiös: Sie lernen von (aus) den Dingen.

Im Einssein (Transzendenz) mit den Dingen erfahren[105] Sie das Ding in Ihnen. „Entnehmen" das „Geheimnis" des Dinges gewaltlos, indem Sie das Ding verinnerlichen. Dieses Erfahren ist die (eigene) Überzeugung. Das Sehen (Erkennen) mit Ihren eigenen Augen. Ihrem (gesamten) Wesen. Die Tiefe Ihrer Überzeugung ergibt sich aus der Tiefe (Aufmerksamkeit) Ihres Strebens nach Mu (Gott).

Dieses Erfahren ist Wissenschaft, die im Dienste der Dinge steht und nicht gegen sie gerichtet ist. Es ist die Wahrnehmung der Dinge im Zusammenhang: Die Teile sind das Ganze, das Teil des Ganzen ist. Das Ganze ist mehr als die Summe der Teile (Synergie) und doch ist das Teil das Ganze. Dieses „mehr" kann nicht berechnet (beschrieben) werden, „da" „dieses" Mu ist. Je weniger das „mehr", so ist das Ding Quantität (berechenbare Vielheit). Je mehr das „mehr", so ist das Ding Qualität (unberechenbare Einheit).

Arbeiten Sie mit dem Kôan Mu, so erlangen Sie durch dieses Arbeit Weisheit. Sie ziehen sich durch Ihr Bemühen (Ringen) um Mu „am eigenen Schopf aus dem Sumpf" Ihrer Unwissenheit (Unkenntnis). Sie suchen und finden das torlose Tor. Ist Suchen und Finden eins, durchschreiten Sie das Tor, das der Ausgang aus der Nichtkenntnis Ihres

---

105 Kann dieses Erfahren nur über Zen erfolgen? Nicht in diesem Sinne, denn Zen ist das, was (Zen) ist. Was gibt es über Zen zu sagen? Nichts (Mu), sodass das Erfahren über das Erfahren erfolgt.

Selbst (Wesen) ist. Dies ist die Aufklärung[106] über Ihr Selbst (Schöpfung). Sie bedarf der Überwindung des Verstandes (Ichs), um wesentlich zu verstehen. Des Mutes loszulassen, um hindurchzugehen. Sie bedarf Ihres Erkennens. Dem Öffnen Ihrer Augen.

---

106 „(hinweisende) Anspielung" auf Kants Aussagen: „Aufklärung ist der Ausgang des Menschen aus seiner selbstverschuldeten Unmündigkeit" sowie „Habe Mut, dich deines eigenen Verstandes zu bedienen".

Erziehen

Erziehen ist die Weitergabe Ihrer Weisheit (Mu), die geschehend (transzendent) erfolgt, indem Sie der sind, der Sie sind und dem Anderen damit die Möglichkeit geben, Mu (in Ihnen) zu erkennen. Sie sind authentisch und beantworten die Fragen des Anderen durch Ihr Dasein (Nähe). Wer ist der Andere? Lediglich Ihre Kinder? Nein, Sie „erziehen" alle, die Ihnen begegnen und werden, religiös ausgedrückt, mehr und mehr zum Vater bzw. zur Mutter aller. Zu dem Einen in (für) Alle(n) und geben damit allen Menschen die Möglichkeit durch Sie die Schöpfung (wahrhaft) zu erfahren. Sie „beweisen" damit Ihre Weisheit, ohne an diesem Beweis interessiert zu sein. Verkünden diese nicht durch „(alt)kluge Reden", nicht durch angehäuftes, auswendig-gelerntes lexikalisches Wissen, das Ihrem Ich Nahrung geben würde und Ihrer Leerheit (Weisheit) widerliefe.

Dieses Erziehen ist autoritär, denn es steht auf dem (leeren) Wesensfundament der Wahrheit (Weisheit), sodass es aufgrund der Leerheit eine barmherzige Autorität ist. Religiös ausgedrückt: Hinter dieser Erziehung steht die barmherzige Autorität Gottes (Buddhas). Eine größere gibt es nicht, da mehr als der Eine nicht möglich ist. Sie erziehen den Anderen in dem Geschehenlassen Ihrer Weisheit zum Glauben (Erkennen) an die Schöpfung (Wahrheit, Gott), weil Sie diesem Ihr Selbst (Mu) zu erkennen geben. Im Erkennen ist der Glaube Wissen von Wert. Mehr können Sie dem Anderen nicht geben. Mit diesem Geben „wollen" Sie das Beste (Mu) für den Anderen, der auch Sie sind, sodass Sie nicht das Mein und Dein verwechseln. Ihm so das ihm Entsprechende übergeben und seinem Weg (Bestimmung, Entfaltung) nicht im Wege stehen.

Dieses Geben ist das von allen Seiten einer Gesellschaft geforderte „Vermitteln von Werten". Tatsächlich „nur" der eine Wert (Mu, Gott), aus dem all Ihr Handeln (Dasein) im Sinne des Lebens entspringt. Das eine Ding, das allen Dingen innewohnt. Aus diesem Grundwert (Basiswert) ergibt sich richtig und falsch. Er ist der Wert des Menschen in sich. Des Menschen um des Menschen Willen.

Der Nehmende gibt in dieser Einigkeit den Widerstand gegen das Leben auf und entfaltet sich. Diese Entfaltung birgt keinen Raum für Egoismus, Neid, Arroganz, Gier. Anders: Mit der Entfaltung überwindet er seine Bedingtheit und strebt hin zum (edlen) Absoluten (Gott, Mu), weg vom Relativen des Besser oder Schlechter, Mehr oder Weniger etc.

Dieser (leere) Grundwert Mu ist absolut, unabdingbar, nicht verhandelbar, nicht berechenbar, nicht teilbar, unantastbar, unumstritten, urteilslos und führt. Das Erlernen (Erfahren) des Grundwertes steht über dem Erlernen abgeschlossener Systeme wie beispielsweise dem Lesen oder Schreiben, ohne dass dieser Wert ein Interesse daran besitzt die Genannten herabzuwürdigen. Dieser Wert ist die geforderte „Moral", tatsächlich aber deren Überwindung, sodass eine Moral nicht mehr benötigt wird und (bereits) im Dasein verankert ist.

Wer den leeren Wert erlernt, indem er ihn durch Sie erfährt, wird weise. Wird menschlich. Wird der, der er sein kann. Wird edel. Wer nur lesen oder schreiben kann, aber das Wesen des Lebens verachtet, und damit sich und den Anderen verachtet, ist stumpf (dumm). Der (einfache) Mensch als Mensch, der nicht lesen oder schreiben kann, ist nicht der stumpfe Mensch. Der Grundwert strahlt aus. Von ihm geht alles aus, sodass in dessen Erkennen auch abgeschlossene Systeme (Lehrinhalte) wesentlich verstanden, hinterfragt und Zusammenhänge (Verbindungen, Ableitungen) erkannt werden.

Das Erziehen zur Selbständigkeit bedeutet, dem Anderen zum Erkennen seiner Grenzenlosigkeit zu verhelfen. Dessen Wachstum Raum zu geben, indem Sie „Ja" sagen, wenn es gerecht ist „Ja" zu sagen, „Nein" sagen, wenn es gerecht ist „Nein" zu sagen. Sie begrenzen (lenken) durch „Ja und Nein". Erst die Begrenzung macht die Nicht-Begrenzung grenzenlos (offen). In Ihrer Leerheit (Weisheit) erkennen Sie die rechte Antwort, die nicht an eine Regel, Plan oder an ein Tabu gebunden ist. Auch nicht an eine „Tradition", da nur Mu (Gott, Grundwert) durch sein Ruhen in der Zeit (Bewegung) Tradition ist. Nur Gott geschrieben steht. Damit sind Sie frei von den Genannten. Frei von „Ja und Nein".

Erziehung geschieht über die Bewegung, die Mu (Gott) selbst geschaffen hat. Sie ist: Das Eine ist das Andere, das das Nächste ist. Anders ausgedrückt: Linkes Bein, rechts Bein. Anderes Bein ist nächstes Bein. Jeder Schritt ist das Voranschreiten (Bewegung). Die höchste Bewegung (Effektivität) ruht[107] und ist damit bleibend[108], sodass Mu (Gott) durch Mu vermittelt. Mu vermittelt das eine Ding (Grundwert, Mu) durch den Leeren (Einsichtigen) und geht dabei wie der Eine auf den Anderen zu. Nur so ist der Unzugängliche, Unbelehrbare, Uneinsichtige, früher oder später, ohne dessen Rache oder Reue, zu erreichen.

Das Erfahren von Mu setzt den wesentlichen (nicht-oberflächlichen) Umgang mit Ihnen voraus. Dann bewegt sich der Andere mehr und mehr im freien (überwundenen) System des Lebens und wird sehend. Entwickelt seinen Stil, lebt sein Leben, ist er selbst. Ahmt nicht nach. Ist mündig,

---

107 ist ohne Stress (Hetze)

108 kein kurzzeitig angeeignetes Wissen (Auswendiglernen), sondern bleibendes, verinnerlichtes Wissen

neugierig, lebendig, überzeugend. Er macht sein Ding. Ist erkennbar. Erfahrbar (nahbar). Er lernt nicht kritiklos auswendig, sondern ergründet (entspringt) aus sich heraus. Er erkennt die Bindung zur Schöpfung (Mu. Gott), sodass er Sie nicht mehr braucht und Sie nicht ihn. Dann stehen dieser und Sie (von) selbst und sind einander verbunden in Selbständigkeit.

Der Mensch ist die eine Rasse

Alle Menschen sind eins, verbunden, verwandt und entstammen dem einen Ding (Mu). Die, die vor Ihnen sind, sind Ihre Vorfahren. Die nach Ihnen Ihre Nachfahren. Die vor Ihnen sind die Älteren. Die nach Ihnen die Jüngeren. Religiös: Alle Menschen sind Gottes Kinder (Familie). Gott ist der Vater. Gott ist die Mutter. Anders: Gott hat alle Menschen geschaffen. Alle „gezeugt". Alle Menschen adoptiert.

„Da"[109] Mu (Gott) alle und keine (Haut)Farben, alle und keine Gestalten (Formen), alle und keine Körper- und Geisteszustände annimmt, Mu (Gott) somit das eine Ding [110] ist, das allen Dingen (Menschen) innewohnt, liegt in dem Erkennen (Schauen) von Mu (Gott) das Begegnen mit dem Anderen auf einer (absoluten) menschlichen Augenhöhe. In einem Verhältnis, das Eins zu Eins ist, sodass gilt: Das „Führungsprinzip" des (absoluten) Daseins ist: Der Mensch als Mensch führt den Folgenden ohne Stattfinden einer Relativität. Ohne Untertan.

(In) Mu umarmt das Eine das Andere. Das Starke das Schwache. Vice versa. Das Schwache nimmt die Stärke an, eben das Starke die Schwäche annimmt und damit die Stärke gewährt, sodass das Schwache kein „unnützes Leben" ist, das zum Aussterben bestimmt ist, sondern die

---

109 Keine Folgerung, „da" aus Mu „lediglich" Nichts (Mu) gefolgert werden kann, „daher" das „Da" in Anführungszeichen. Eine Begründung aus sich heraus. Anders ausgedrückt: Mu kennt keine Bedingung „außer" Mu, „daher" kein Bedingungssatz. (Konditionalsatz). Wiederum anders: Mu ist die Bedingung, da Mu die Dinge ist.

110 Das eine Ding ist der Ursprung aller „Gene". Anders ausgedrückt: Mu (Gott) ist das „Gen" der Dinge, sodass es kein „Juden-Gen" (Thilo Sarrazin) gibt, sich das eine Gen vom anderen Gen durch Mu unterscheidet, die Unterscheidung somit Einigkeit ist und daher nicht der besonderen Erwähnung bedarf, da es nichts (Mu) zu sagen gibt.

Möglichkeit gibt (gewährt), das Starke (Buddha, Gott) zu beweisen (bezeugen) und so das Leben zu erhalten[111].

Der leere und damit den Anderen in sich erkennende Mensch steht „näher" in dem Nicht-Abstand Mu zu Mu (Gott) und ist daher führend. Der Nicht-Abstand selbst ist Mu (Gott), sodass Gott von Gott durch Gott entfernt ist. Der Einzelne kann somit der Wahrheit (Gott) „näher" sein als viele und sein „menschliches Gewicht" „schwerer" wiegen als eine relative Stimmenmehrheit.

Das (absichtslose) Führen bedarf nicht der Erwähnung der leeren (göttlichen) Basis (Wahrheit, Vorsehung). Gott weiß, dass er da ist, wenn er da ist. Der Mensch (als Mensch) erwähnt ihn nicht. Nicht weil er verschweigt, sondern weil er in seinem (leeren) Dasein keine Erwähnung findet. Der, der glaubt, er handele wahrhaft, hat die Wahrhaftigkeit verloren, da ihn der Glaube von ihr trennt. Derjenige, dessen Glaube Wissen ist, weiß, dass er nichts (Mu) weiß. Auch dieses Nicht-Wissen bedarf nicht der Erwähnung. Was sollte darüber gesagt werden?

Das Erkennen (Vermitteln) des absoluten Maßstabes Mu bietet keinen (existenz-übereinstimmenden) Raum (Grund, Basis) für die (relativierende) Meinung der besseren und schlechteren Rasse. Dieses Erkennen lässt den Menschen die Nicht-Berechtigung (Falschheit) dieser Meinung (eher) verstehen, als ein Geschichtsunterricht, da der Mensch Geschichte ist.

Eine „mögliche Faszination" für diese (falsche) Meinung liegt in dem eigenen Rechtfertigen der Führerschaft, die sich ihre Berechtigung nicht von außen einholt[112], sondern

---

111 bekommen und bewahren

112 Adolf Hitler (1889 – 1945) „Nicht der Staat hat uns geschaffen, sondern wir erschaffen unseren Staat", s.a. Kroll-Oper „Adolf Hitler (NSDAP) – Otto Wels (SPD)", Ermächtigungsgesetz 23. März 1933, A. Hitler „… appellieren wir an den Deutschen Reichstag uns zu

sich aus sich heraus erhebt und beansprucht. Demnach sagt: Wer de facto führt, ist auch Führer. Der Mensch, der kann, der fähig ist, führt, unabhängig von einer Wahl (Definition, Verordnung). Dies entspricht eher dem (nicht-gedachten) Gedanken des Menschseins, dem Erheben aus sich heraus, statt in einer Demokratie den Unfähigen aus einem definierten Mehrheiten-Zahlensystem heraus zu wählen[113] und ihm damit Macht zu verleihen, die nicht aus ihm entstammt, sondern ihm von außen zugetragen wird.

Beruht dieser Führungsanspruch eines Menschen aber nicht auf der Fähigkeit des Menschseins, somit nicht auf dem Können aus der leeren Basis (Wahrheit, Gott) heraus, kann und darf er nicht führen. Verliert die im Dasein (Existenz) gegebene Berechtigung. Seine „Führerschaft" ist dann nicht durch die Schöpfung bestätigt (gedeckt) und damit hinfällig. Somit Recht und Pflicht des Menschen auf Verweigerung der Gefolgschaft.

Der höchste Führer (Chef) ist Gott (Mu, Buddha). Alles läuft auf ihn hinaus (verschwindender Punkt). Er gründet seine Führerschaft auf der Existenz-Übereinstimmung (Wahrheit), nicht auf einer Ideologie, denn er benennt in dem „Ich bin, der ich bin!" nichts, auf das eine Ideologie gründen könnte. Er verweist auf den Grund (Basis) der Existenz, sodass der Mensch nicht an einen Boden gebunden ist, sondern diesen (durch Gottes Gedanken) in sich trägt. Er, wo auch immer er sich befindet, seine „eigene Heimat" ist. Es gibt damit keine „wurzellose Clique

---

genehmigen, was wir uns ohnedem hätten nehmen können."

113 Verlernt der Mensch das Wissen um das Menschsein, so verlernt er die Fähigkeit zum (ge)rechten Auswählen und wählt das Falsche im politischen, wirtschaftlichen und partnerschaftlichen „Einstellungsverfahren".

114 Adolf Hitler über das „Internationale (Finanz)Judentum"

, die überall und nirgendwo zuhause ist". Der Mensch ist verwurzelt in sich selbst (Gott, Mu).

In diesem Erkennen gibt es keinen Fanatismus. Der mit glühenden Augen an „Gott Glaubende" (Anhaftende) wandelt diese zu Sanften, da er die Extreme eint, wenn er Gott (wahrhaft) erkennt. Anders: Der Fanatische will (die Dinge) fest zupacken, doch er findet Nichts (Mu) zum Zupacken (Zugreifen). Er (be)greift das (eine) Ding (Gott) nicht. Er greift ins Leere (Mu).

Die Beeinflussung der Existenz

Ihre Gedanken erschaffen das Dasein (Existenz), das Ihre Gedanken erschafft. Sehen Sie die Dinge, so sehen Sie Ihre Gedanken. Der Blick auf das Äußere ist der Blick auf (in) das Innere. Vice versa. Anders ausgedrückt: Das Innere erschafft das Äußere. Vice versa. Die Aussage „Um das Leben zu ändern, müssen Sie die Gedanken ändern" ist somit wahr, wobei es zu verstehen gilt, dass eine (erstrebenswerte) Änderung des Lebens nur in Richtung Mu (Gott) stattfinden kann. Dem sog. „Besserwerden" als Mensch. Der Zunahme an Menschlichkeit, da Sie nur in dieser Zufriedenheit (Frieden) finden.

In dem Erkennen dieser Richtung liegt die Problematik des sog. Positiven Denkens: Dem Suggerieren positiver Gedanken. Denn was ist positiv, und was ist negativ? Wer legt positiv und negativ fest? Noch lange nicht muss das, was Sie glauben (vorstellen, meinen), was positiv sei und Ihnen Frieden (Glück) bringe, auch (tatsächlich) das sein, was Ihnen Frieden bringt. Dies (verlässlich) herauszufinden, bedarf dem wesentlichen Erkennen Ihres Selbst, um den Mangel in Ihrem Dasein (Leben) zu finden.

Erst das Positive und Negative ergibt die Tiefe Ihres Lebens. Das Erfahren einer Krankheit, um die Gesundheit zu schätzen. Im Dreck zu stecken, um sich seiner Kräfte bewusst zu werden und sich so aus dem Dreck zu befreien. Manchmal ist das vermeintlich Negative das Beste, was passieren kann. Das Einzige, was Sie rettet und aus dem Durchstehen einer Krise erfahrener (stärker) hervorgehen lässt.

Der Wunsch des Menschen nach einem Leben ohne Schwierigkeiten und Probleme ist verständlich, aber es liegt in der Natur der Existenz, dass es die Leichtigkeit nur mit der Schwierigkeit, das Problemlose nur mit dem Problem,

Gottes Namen nur im Nicht-Namen gibt. Ebenso das Leben nur mit dem Tod. Das Positive nur mit dem Negativen. Der Anfang nur durch das Ende erkennbar ist. Ohne diesen Dualismus gibt es keine Bewegung (Weg), kein Wachsen, keine Veränderung, keine Regeneration. Kurzum: Kein Leben. Sehen Sie demnach nur Probleme in Ihrem Leben, verlieren Sie das Leben ebenso, als würden Sie nur die Problemlosigkeit sehen.

Die Sehnsucht des Menschen nach einem verlässlichen (absoluten) Halt (Richtung) zeigt sich in einer Fülle von Buchveröffentlichungen im leicht-philosophischen, esoterischen Bereich. Unterstreicht aber auch den Wunsch nach einfacher, verständlicher Sprache, die nicht elitär ist. Die das zu Berichtende nicht „philosophisch, psychologisch oder mystisch" erhöht, oder gar „bedrohlich, oberlehrerhaft, missionarisch" zu vermitteln versucht. Zeigt aber auch die Schwierigkeit in der Kommunikation der katholischen und evangelischen Kirche das edle Dasein Jesus Christus als den Menschen um des Menschenwillen, demnach als wahren Menschen, dem Interessierten verständlich „rüberzubringen". Ihm zu erläutern, was er von Gott (Wahrheit) überhaupt „hat". Nicht nur an einem Sonntagmorgen oder in einer Krise, sondern auch in der Politik, Wirtschaft und Schule. Kurzum: Warum der Mensch in seinem täglichen Leben die Wahrheit (Gott) braucht.

Gelingt es somit einem Berichter über Gott (Buddha, Wahrheit) nicht, aus dem existenz-übereinstimmenden „Gottesbegriff" heraus zu „argumentieren" (predigen), sodass dieser dann kein Begriff (Definition) und kein Argument ist, sondern, das, was (wahrhaft) ist, so hat der Berichtende (Prediger) aus der Natur dieser Nicht-Übereinstimmung Probleme in der „Argumentation" gegenüber dem Interessierten. Probleme in dessen Übertragung (Transport), die wenn nicht eins zu eins mit der Realität (Wahrheit) wiedergegeben, als realitätsfremd (nicht-existenz-übereinstimmend) angesehen wird. Kurzum: Auf dem falschen „Gottesbegriff" ist eine versuchte „wahre Argumentation" nicht schlüssig (fließend, transportabel), sodass der Bericht von dem (interessierten) Mensch als nicht befriedigend in seinem Leben empfunden und früher oder später diese Diskrepanz (Nicht-Abstand) zur Wahrheit offengelegt (erkannt, aufgedeckt) wird. Eine Falschheit (Lüge) nicht von Bestand ist.

Dieser Nicht-Schlüssigkeit ist dann nicht zu folgen, da der Berichtende seine Berechtigung zu Berichten verliert. Er darf nicht vermitteln, weil er nicht vermitteln kann. Wird wahrhaft von Gott (Wahrheit) berichtet, muss der Hörende des Berichts den Bericht (Gott, Wahrheit) aus der Natur der Sache (Gott, Wahrheit) „toll" finden, da Gott (Wahrheit) Frieden (Zufriedenheit, Glück) bringt. Anders: Es gibt für und gegen Gott (Mu) kein Argument, da er alle Argumente ist. Um Gott (Mu) kann nicht gestritten (engl. to argue) werden, sodass (in ihm) Frieden herrscht.

Aber viele Buchveröffentlichungen erwecken andererseits den Eindruck, als seien die Zusammenhänge des Daseins, sprich das Einssein (verbundene Existenz), in nur wenigen, einfachen Worten erklärbar. Erfahrbar im Einhalten einiger weniger Regeln. Im Suggerieren von Wortformeln. Im Rezitieren von Sûtras[115]. Das aber ist es nicht. Das Dasein (Existenz) ist, wie es ist. Es zu beschreiben, ist im selben Moment schwierig und einfach, denn jedes Wort birgt die „Gefahr" des Missverständnisses[116]. Auch die einfache

---

115 Rinzai-Meister Bassui Tokushô (1327 – 1387) „Wer nur Sûtras rezitieren will, gleicht einem Hungrigen, der die dargebotene Speise zurückweist und sagt, er wolle seinen Hunger durch das Betrachten der Speisekarte stillen."

116 Ein weiterer Hinweis auf Gottes Namenlosigkeit (Wortlosigkeit). Sein Name (Wort) ist verstanden, ohne zu verstehen. Über Gott gibt es kein Missverständnis. Keine Debatte. Anders: Die Wahrheit ist

Aufforderung des Kôan Mu, „herauszufinden", was denn Mu (Gott) ist, ist sehr einfach gesagt, doch in dieser Arbeit auch nur 10 Sekunden an Mu festzuhalten und auf Mu konzentriert zu bleiben, alles andere als einfach.

So liegt die Änderung der Gedanken und damit Ihres Lebens hin zum Besseren (Gott, Mu) nicht in der Suggestion (Einreden) durch andere (neue) Gedanken, um die alten zu überlagern, sondern dem Loswerden (Leerwerden) der Sie begrenzenden Gedanken, sodass Sie auch Ihr Leben grenzenlos erfahren. Sich menschlich entfalten, was Ihnen dann in dieser Entfaltung die Umstände (Dinge) bringt, denen Sie lebendig begegnen und die Dinge zum Leben erwecken. Mit jedem Erkennen Ihrer Wahrhaftigkeit Ihr Leben verwirklichen, aus dem heraus nichts Falsches entstehen kann. Sie sich aus sich heraus erheben. Dem Leben (Gott, Mu) vertrauen.

Aber ist das Wiederholen[117] des Wortes „Mu" im Geiste in der Arbeit mit dem Kôan Mu denn keine Suggestion? Nein, es ist das Bestreben mit Mu (Gott) eins zu sein, indem Sie sich in der Veränderung Ihrer einfließenden Gedanken beständig zu Mu hinziehen. An dem in der Veränderung Ruhenden versuchen festzuhalten. Festzuhalten an „etwas", von dem Sie zu Beginn Ihrer Arbeit ja nicht wissen, woran Sie festhalten sollen. Wonach Sie überhaupt suchen. Was bzw. welches Bild sollten Sie sich denn dann (ein)suggerieren? Dann aber dennoch mit Ihrem gesamten Wesen das Einswerden mit Mu versuchen (anstreben), um so doch das Unmögliche möglich zu machen und Mu zu schauen. Wenn Sie es dann aber geschaut haben (wissen, erkennen), haben Sie keine Vorstellung mehr von Mu und Ihr Nicht-Wissen um Mu

---

unumstritten.

117 siehe „Die Praxis des Kôan Mu", S. 171

wird zu dem Wissen um Mu. Dies ist Sokrates[118] Aussage: „Ich weiß, dass ich nichts (Mu) weiß, doch ihr wisst nichts und bildet euch doch soviel auf euer Wissen ein", sodass er Gott (Mu) erkennt, während die Anderen sich durch die Einbildung (Bildmachen) von der Wahrheit (Gott, Mu) trennen. Niemand kann sich Mu (Gott) einbilden (einsuggerieren). Mu (Gott) kann nicht fremdbestimmt sein, Befehle erhalten, hypnotisiert werden.

In der Hinsicht des Erlangens menschlicher Tiefe sind Probleme willkommen, um daran menschlich zu wachsen. Geschehen diese, so geschehen diese. Je wesentlicher Sie dies verstehen, Sie weder an dem Einen noch dem Anderen anhaften und damit den Weg der Mitte beschreiten, desto stärker werden Sie und erlangen die Fähigkeit des Akzeptierens. Werden sich der Sterblichkeit (Verletzlichkeit) bewusst, um zu leben. Dies ist nicht das gewalttätige Hinnehmen, sondern die Übereinstimmung (Harmonie) mit den Dingen, die Gott (Mu) sind. Sie erhalten mehr und mehr die edlen „Eigenschaften" des Göttlichen, sodass Ihre Richtung der Änderung stimmt.

Sind Sie dann der „bessere" Mensch geworden, besteht in Ihnen kein Interesse mehr an diesem „Besser", da es Ihr Dasein und nicht mehr sonder ist. Es ist für Sie normal, dass Sie Mensch sind. Es ist für Sie selbstverständlich, dass Sie dem Anderen nicht relativ, sondern absolut begegnen. Von Buddha zu Buddha, der heilig ist, ohne Interesse an seiner Heiligkeit, da - „auch hier" - sein Dasein die Heiligkeit und nicht sonder ist.

---

118 griechischer Philosoph (469 v. Chr. - 399 v. Chr.)

Anders ausgedrückt: Besser ist Besser. Keine Steigerungsform zu Gut. Heiliger ist Heiliger. Keine Steigerungsform zu Heilig. Aber auch: Gläubig ist Gläubig. Keine Steigerungsform zu Nicht-Gläubig, sondern die Einigkeit von Gut und Besser, von Heilig und Heiliger, von Gläubig und Nicht-Gläubig. Von Yin (dem Einen) und Yang (dem Anderen).

Anspruch und Wahrheit

In dem leeren (erkennenden) Menschen vereint sich Wollen und Können, sodass für diesen dann gilt: Was er will, kann er. Was er kann, will er. Es gibt in ihm nicht den „Schmerz des Konjunktivs": „Hätte ich doch nur, wäre ich doch nur etc.!" Er ist das, was er verspricht und verspricht nichts (Mu), denn das(s) er ist, ist offensichtlich. Für den mit offenen Augen bewiesen (evident).

Können Sie, was Sie wollen, so können Sie Ihren Willen geschehen lassen und Ihr Können umsetzen (verwirklichen, beweisen). Im Erreichen dieses Einsseins von Wollen und Können ist Ihr Ich abgeschmolzen, sodass für Sie in Ihrer Leerheit dann gilt: Ich werde (durch Gott, Mu) gehandelt[119]. Anders: Essen Sie, so werden Sie (von Gott) „gefüttert".

Sie setzen (nur) das um, was Gott (Buddha, Wahrheit) durch Sie (existenz-übereinstimmend) möchte und greifen (ihm) nicht ein. Dies ist das Eingreifen ohne einzugreifen (wu wei). Sie lassen den Willen des Leeren (Gott, Buddha) geschehen, indem Sie sich nicht gegen ihn stellen. Dem Leben keinen Widerstand leisten und mitfließen und so zum Werkzeug des Einen werden. Nicht zur Marionette, sondern zum mündigen Gehorcher, der zuhört, weil er zuhört. Der erkennt (weiß), dass es keine Alternative zu dem Einen gibt. Welche Alternative sollte es zu dem Absoluten geben? Ist doch alles eins. Anders: Gott ist immer die Alternative.

Würde das Handeln in der Nicht-Übereinstimmung mit der Existenz (Schöpfung) als ein Handeln gegen Gott (Existenz) und damit mit dem Begriff der „Sünde" belegt, so wäre diese die Unfähigkeit (Nicht-Können) des Erkennens. Das Nicht-Sündigen eine Fähigkeit: Die

---

119 grammatikalische Form des Passivs

Fähigkeit Mensch zu sein. sodass die Aussage der Verfehlung „Das hab ich nicht gewollt!" tatsächlich lauten müsste „Das habe ich nicht gekonnt (erkannt)!" Wem könnte vorgeworfen werden, dass er nicht konnte? Nicht fähig war? Nicht das im Moment Gebrauchte (Existenz-Übereinstimmung) erkannte? In dieser Hinsicht sind alle Menschen Sünder und Nicht-Sünder, und die Sünde ist überwunden, da sie nicht mehr sonder ist. Anders ausgedrückt: Jeder Mensch tut, was er kann, entsprechend seiner menschlichen Fähigkeit.

Möchte der Mensch sein Handeln gegen die Schöpfung (Gott, Wahrheit, Leben) überwinden, um diese zu wahren und damit sich zu bewahren, so ist die Fähigkeit des Menschseins zu erlernen. Denn derjenige, der das Leben lieben kann, will leben. Anders: Der Liebende ist kein Sünder. Er handelt nicht gegen das Leben, weil das „Gegen" nicht mehr in ihm ist. Weil er nicht anders kann. Weil er eben so ist. Wollen und Können eins ist. Er Mensch (als Mensch) ist. Anspruch und Wahrheit übereinstimmen.

Doch diese Fähigkeit zu erlernen, birgt dasselbe Problem, als würden Sie in einem „Samurai-Buch" lesen „Werde eins mit dem Schwert, um das Schwert zu besiegen!" Schöne Worte, wahre Worte. Aber auch wenn Sie von diesen begeistert sind und eine Tiefe verspüren, so haben Sie doch nicht durch das Lesen alleine die Fähigkeit erlangt, tatsächlich mit dem Schwert eins zu sein. In einem Kampf tatsächlich von dem Schwert des Gegners unbeeindruckt (unbelassen, Mu) zu sein. Es anzusehen, ohne es anzusehen. Nicht gefesselt von ihm zu sein.

Und auch nur durch das Lesen der (schönen) Worte „Sei menschlich, indem du den Einen und Anderen vereinst und niemanden ausschließt" haben Sie nicht die Fähigkeit erlangt, tatsächlich zu vereinen und niemanden auszuschließen. Jeder Mensch weiß, wie schwer es (tatsächlich) ist, dem Anderen beizustehen, der von der Gemeinschaft, derer er selbst angehört, verachtet wird. Zu wem gehört er, zu ihr oder zu ihm? Wem gehört der Mensch überhaupt? Wie kann er die einende Verbindung zwischen denen und ihm sein? So ist das Lesen über das Schwert bzw. über Menschlichkeit (zunächst) wenig. Es bedarf des Menschen, der kann und dieses Können durch sein Dasein beweist. Der die Möglichkeit der Wahrheit (Gott) sichtbar werden lässt. Es bedarf des Menschen, der im selben Moment dem Einen und Anderem gehört, somit ohne Ich ist. Grenzenlos ist. Kein Mein und Dein kennt und somit (selbst) der Eine und Andere ist und damit auf der absoluten Seite steht. Der „Seite" der Menschlichkeit (Buddha, Gott). Der unter „sich" die Schöpfung versteht („Großes Ich").

Die Zen-Patriarchen, die Meister der Wahrheit, schufen mit dem Kôan ein „(Übungs-)Instrument" für den Menschen, um eine Kompatibilität des Wortes mit dem Dasein zu erzielen. Um den Graben zwischen Theorie und Praxis, zwischen Lesen und (tatsächlichem) Fähigsein zu überwinden, und damit Wollen (Anspruch) und Können (Bewahrheitung) zu vereinen. Das Beabsichtigte zu verwirklichen[120]. Ohne Umwege auf das Eine zuzugehen durch die (intellektuelle) Einfachheit der „nur" einen Aufforderung: Eins zu sein (werden) mit dem Kôan.

Das Kôan eint das theoretische Lesen mit der Praxis. Trennt Theorie und Praxis nicht. Das Wort der Theorie (Kôan) führt zu dem Erfahren (Praxis) des Wortes, da das absolute Wort Mu, wie auch die absolute Aussage „Ich bin, der ich bin", die Übereinstimmung (Verbindung) des Wortes mit dem Dasein (Existenz) ist und das Wort zum Dasein wird. Das absolute Wort Mu (Gott) weder Theorie noch Praxis ist, sondern beides überwunden hat, sodass das

---

120 „Das Sollen ist (wird) das Sein" (Amen), „sollen" ist immer die Richtung Mu. Religiös ausgedrückt: Nur Gott soll (sein).

Wort Gottes in Theorie und Praxis gilt. Gott theoretisch und praktisch Gott ist. Anspruch und Wahrheit (Wirklichkeit) bei ihm übereinstimmen und so der Erkennende des Wortes (Kôan) nichts anderes predigt (berichtet), als er selbst ist. Keine falschen Worte in sich findet, sondern durch sein (wahrhaftes) Dasein überzeugt. Spricht, indem er ist.

In Ihrem Streben nach der Lösung des Kôan werden auch Sie (tatsächlich) fähig in Ihrem Menschsein und mit Ihrem Wollen übereinstimmen. Ihre Augen sehend werden. Dann ist Ihre Absicht „einfach nur" derjenige zu sein, der Sie sind. Dann sind Sie absichtslos und genügen sich (selbst). Dann können Sie nicht mehr gegen die Schöpfung handeln, da Sie mit ihr einig (eins) sind. Dann ist Ihr Leben ohne Sünde, denn Sie haben die Schöpfung (un)geschehen (Mu) gemacht und damit das, was den Begriff der (Erb)Sünde trägt, aufgelöst. Dann sind Anspruch und Wahrheit (Wirklichkeit) eins, da Sie eins mit Gott (Buddha, Mu) sind.

Keine Furcht

Es gibt Krankheiten, die der Mensch nicht heilen kann. Es gibt Ausbeutung, Armut, Grausamkeit, Ungerechtigkeit. Gewalt jenseits seiner Vorstellung. Gemeinheiten, die nicht zu beschreiben sind. Taten jenseits aller Menschlichkeit, Barmherzigkeit und Gnade. Die ihn erschaudern und verzweifeln lassen. Ihn abwenden lassen, weil er es nicht erträgt. Die er nicht fassen kann und ihn die Existenz Gottes in Frage stellen lässt: Ist Gott (da)? War Gott (Buddha) in Auschwitz? Ja, denn auch Auschwitz war Gottes Land. Trennt sich der Mensch von den Dingen (Gott), so kann er die Dinge (Gott) nicht finden. Anders: Gott wendet sich nicht von den Dingen ab, da er die Dinge ist.

Aber muss sich der Mensch vor Gottes Rache fürchten? Muss er sich überhaupt vor etwas fürchten? Gibt es das Böse? Würde die Entfremdung von Gott aufgrund des langen Existenz-Kreisweges von Alpha nach Omega als das Böse bezeichnet, so ist doch auch die größte Entfernung und damit auch der längste Kreisweg noch immer (Gottes-)Weg. Anders ausgedrückt: Auch die längste Entfernung von Alpha nach Omega ist von Gott durch Gott entfernt, sodass Gott und Nicht-Gott doch auch Gott sind. Anders: Der Weg von Alpha nach Omega führt über Alpha und Omega, dessen Weg von Alpha nach Omega über Alpha und Omega führt bis hin zur Unendlichkeit, die wiederum Alpha und Omega ist, sodass alle Dinge Gott (Alpha und Omega) sind. Gott immer nur Gott ist (Allah, Buddha, Wahrheit).

So oder so ist also Gott (Mu) und die Welt in dieser Hinsicht perfekt. Es ist das Egal, das hin zu dem großen Kreis der Existenz das beliebige (egoistische) Egal ist. Das bindende (selbstlose) Egal hin zu dem kleinen Kreis. Das Göttliche behält somit alle Optionen („Karten"), sodass die

Freiheit des Menschen nur innerhalb Gottes offenen Grenzen stattfindet. Er tatsächlich „nicht tiefer fällt als in Gottes Hand" (Margot Kässmann, ehemalige EKD Ratsvorsitzende), aber sich auch nicht über ihn erhebt[121]. Ihn nur im Einssein erhält und dann im selben Moment über und unter (ihm) ist.

Bemüht sich der Mensch um dem Weg der Mitte (Gott), dem Nicht-Anhaften an das Über und Unter, so hat er Einfluß auf die „Art" des Egal: Ersteres ist das (teilnahmslose) Schulterzucken. Das Depressive. Die gleiche Gültigkeit der beiden So. Dessen „Motto" ist „Ist mir doch egal, was (mit der Schöpfung) geschieht. Die Dinge sind so oder so mies (falsch)." Die Verneinung der Dinge. Die Unfähigkeit zu weinen und zu lachen. Beides als das Gleiche zu verstehen, statt als das Eine und Andere. Ohne Bewegung (moving, e(motion)), unbewegt, regungslos, gefühlskalt, seicht. Das Stehenbleiben im Leben statt des Mitfließens (Mitwachsens, Weiterentwickelns), das das (Mensch)Bleiben in der Veränderung (Zeit) ist. Letzteres ist das edle Egal, das die jeweilige Eigenständigkeit der beiden geeinten „So" beibehält (bewahrt). Das sagt „Was auch immer geschieht, mein Dasein bewahrt die Schöpfung". Die ständige Bejahung der Dinge. Das „Es ist so und so richtig", da alle Wege zu Gott (Buddha, Mu) führen.

Würde also der Begriff des Bösen verwendet, so wäre das „Böse in der Welt" der Egoismus des Menschen. Das „Mein und Dein", das Johannes Scheffler mit den Worten beschreibt: „Nichts ander´s stürzet dich in Höllenschlund hinein, als das verhaßte Wort - merk´s wohl! - das Mein und Dein". Dieses ist aber nicht nur zu verstehen als Ausdruck eines Besitzes von Dingen, sondern meint die

---

121 Johannes Scheffler „Angelus Silesius" (1624 – 1677) „Ich bin so groß wie Gott, er ist als ich so klein, er kann nicht über mich, ich unter ihm nicht sein".

Begrenzung des menschlichen Ichs, das ihn vom Erkennen seiner grenzenlosen Verbundenheit zu allen Dingen, sei es der Mensch, die Natur, die Idee etc., abhält und damit seiner Selbstlosigkeit widerstrebt. Ihn in seiner menschlich berechtigten Entfaltung behindert. Dieser Egoismus ist die „Krankheit" des Menschen. Die bedingende Relativität des Vergleichs. Das Nicht-Begegnen auf einer Augenhöhe. Das Bestreiten der Dinge (Gott).

So „rächt" sich das Göttliche nicht in dem Sinne, dass der Mensch (vielleicht) mit dem Begriff der „Rache" assoziieren würde. Es „rächt" sich in dem Moment der Unbarmherzigkeit durch die Unbarmherzigkeit. Es ist das „so zu sein", das aber keine Rache ist. Da der Kreisweg immer Gott ist, ist auch der von ihm (im Nicht-Abstand) entfernteste, entfremdeste Mensch doch noch immer von den Dingen (Gott) umgeben, die ihn zur Überwindung des Bösen führen können, sodass gilt:

Der Mensch, der den Weg vom Unbarmherzigen zum Barmherzigen findet, indem er sich findet, die Frage „Wer bin ich?" erneut beantwortet und sich damit erneuert, ist dem Schöpfer in allen Momenten willkommen[122]. Gott, der größer[123] ist, nimmt immer wieder auf und bietet dem Mensch mit jedem neuen Tag (Moment) die Dinge, die er selbst ist, wiederum an. Der Mensch kann seine Würde immer wieder herstellen. Sich erneuern. Sich ändern. Den (Nicht-)Abstand Mu (Gott) verkürzen. Dies liegt in Gottes Natur. Niemand ist verdammt.

Die Verkürzung des (Nicht-)Abstandes gelingt demjenigen, der recht handelt. Der die Dinge tut, die in dem Moment getan werden sollten, um die Schöpfung erkennbar werden

---

122 Dieses Finden ist keine (im Sinne von Mu) Bedingung, da der Weg zu Gott (Mu) bedingungslos ist. Anders ausgedrückt: Der Unterschied des Unbarmherzigen zu dem Barmherzigen ist Mu (Gott).

123 Gott ist seine „eigene" Steigerungsform

zu lassen. Aufleuchten zu lassen. Gott (Buddha) zu bezeugen. Der damit den Moment erkennt, barmherzig zu sein und diese Barmherzigkeit gibt. Der die Worte spricht, die in dem Moment gesprochen und gehört werden sollten. Der den Schutz gewährt, der in dem Moment gewährt werden sollte. Der ein Lächeln schenkt, in dem Moment, in dem eines geschenkt werden sollte. Der zu dem Einen und Anderen steht in dem Moment, in dem zu dem Einen und Anderen gestanden werden sollte.

Sie können sicher sein, dass Ihr Handeln zur Kenntnis genommen wird von dem, der antwortet, ohne zu antworten. Der zu Ihnen spricht ohne Worte. Der da ist. Auch wenn Sie vielleicht kein Wort des Dankes hören, verhallt Ihr Handeln nicht unbemerkt. Ihr (edles) Menschsein ist der Dank. Aber seien Sie aufmerksam: Wenn Sie glauben, dass Sie aufgrund Ihres Handelns ein „besserer Mensch" sind als der Andere, dann irren Sie sich. Sollten Sie glauben nicht genug getan zu haben und deshalb ein „schlechterer Mensch" zu sein, irren Sie sich auch. Glauben Sie, Sie stünden auf einer Stufe mit dem, der niemals etwas für den Anderen tat, sind Sie erneut im Irrtum. Wer also sind Sie? Finden Sie es heraus, damit Ihr Dasein Demut ist.

Vertieft sich Zen in Ihnen, fürchten Sie weder Leben noch Tod, weder Gut noch Böse, weder das Eine noch das Andere. Fürchten nicht die Dinge (Umstände) und erkennen, dass das, was Ihnen geschieht, Gott (Mu) ist. In Gott (Mu) ist alles gut. Komme, was wolle. Ihnen kann nichts (Gott, Mu) geschehen. In Gott (Mu) fallen Sie, und in Gott stehen Sie auf.

Schlusswort

Vielleicht war es für Sie nicht immer einfach dem Buch zu folgen, doch seien Sie dann darüber bitte nicht besorgt, denn sollten Sie sich Zen (Mu) wesentlich widmen, werden Sie das Beschriebene mehr und mehr im Wesen verstehen. Wissen, was Buddha (Gott) sagte[124] (handelte), sagt und sagen wird, indem Sie wissen, wer Buddha war, ist und sein wird, weil Sie wissen, wer Sie waren, sind und sein werden.

Aus den häufig verwendeten „anders ausgedrückt" und den vielen Klammerinhalten, erkennen Sie auch, dass die Wahrheit (Gott) nur das Eine (Gott) ist, aber viele Namen tragen kann. Sie das prinziplose Prinzip ist. Die Quelle der edlen Vielfalt, die doch immer das Eine ist.

Politik, Wirtschaft, Gesellschaft, Wissenschaft, Religion, Philosophie, Gott, Buddha, Mu, Wahrheit sind nicht voneinander getrennt. Alle diese sind der Mensch. Das eine Ding. Der eine (selbe) Gedanke, den alle Menschen denken.

Der Unterschied eines Dinges zu einem Ding ist Mu (Gott). Der Unterschied ist somit Einigkeit, sodass Zen nicht Partei ergreift, sondern die Parteien (Teile) eint. Zen „Partei" nur für die Schöpfung (Gott) ergreift und damit auf der absoluten Seite steht. Der (Nicht-)Seite. Anders: Zen liebt das Leben, indem Zen das Leben ist.

Jedes eine Kapitel des Buches ist das andere Kapitel, denn es ist immer dasselbe: Finde dein Selbst. Schau dein Wesen. Halte an Mu fest. Sei eins. Werde leer. Bewahre die Bindung. Jedes einzelne Kapitel mit anderen Worten und aus einer anderen Richtung kommend beschrieben, um die

---

124 Rinzai-Meister Bassui Tokushô „Einem jeglichen Menschen wohnen die Sûtras (Predigten aller Buddhas) inne. Erblickst du dein Selbst-Wesen auch nur einen Nu, kommt es dem Lesen und Verstehen aller Sûtras gleich und auch der kleinste Punkt bleibt nicht ungelesen, ohne dass du dabei auch nur ein Sûtra in der Hand hieltest oder ein Schriftzeichen liesest", aus Brief an den Laien Ippô

absolute Richtung zu erhalten. Fast schon langweilig und doch im selben Moment spannend zu verfolgen, wie sich das Eine dem Anderen nähert und das (Nicht-)Prinzip erkennbar wird. Sich die Worte (Dinge) vereinen. Das gesamte Buch ist somit das eine Kapitel. Der eine Satz, das eine Wort, das eine Ding, Mu.

Alle diese vielen Worte wegen Nichts (Mu). Wegen nur des einen Wortes, das Jôshû versetzte. Wurde es tatsächlich versetzt? Wer hat es gehört?

Die Praxis des Kôan Mu

Stellen Sie eine Uhr auf zehn Minuten, setzen Sie sich im Lotus- oder Schneidersitz auf eine kleine Decke auf den Boden eines Zimmers, nicht zu nahe an eine Wand. Haben Sie körperliche Probleme zu sitzen, setzen Sie sich auf einen Stuhl (ohne sich anzulehnen) oder legen Sie sich flach mit dem Rücken auf den Boden oder Ihr Bett. Können Sie sitzen, sitzen Sie aufrecht. Legen Sie Ihre Hände locker auf Ihre Oberschenkel. Halten Sie Ihre Augen geöffnet ohne etwas Bestimmtes anzusehen. In dieser Haltung stellen Sie in Ihrem Geist ständig die Frage „Was ist Mu?". Stellen Sie diese nicht mit Ihrer Zunge. Nicht mit Ihrem Mund.

Halten Sie nur an dieser Frage fest! Bleiben Sie nur auf diese Frage konzentriert! Streben Sie mit Ihrem ganzen Wesen danach, eine Antwort auf diese Frage zu finden! Was meinte Jôshû, als er „Mu versetzte"? Stellen Sie die Frage nicht mechanisch! Sie werden feststellen, dass das alleinige Festhalten an dieser Frage alles andere als einfach ist, da Ihr Geist ständig abwandert und nicht auf die Frage konzentriert bleiben möchte.

Wandert Ihr Geist ab, beispielsweise weil Sie daran denken morgen wieder zur Arbeit zu müssen, oder weil Sie hören, wie ein Auto auf der Straße hupt o.a., lenken Sie Ihren Geist wieder zurück auf die Frage „Was ist Mu?"

Nach einiger Zeit des Sitzens können Sie die Frage „Was ist Mu?" abkürzen und lediglich das Wort „Mu" in Ihrem Geist wiederholen. Auch diese Wiederholung sollte nicht mechanisch sein, sondern weiterhin beständig von Ihrem brennenden Verlangen getragen sein, herauszufinden „Was denn, verdammt noch mal, dieses Mu ist".

Es gibt Tage, an denen wiederholen Sie die Frage bzw. das Wort eher mechanisch. Dies läßt sich nicht immer vermeiden und ist insofern nicht „schlimm", da auch das mechanische Wiederholen seine Berechtigung hat und mit dem Nicht-Mechanischen in Verbindung steht. Dennoch, wenn Sie bemerken, dass Sie in das mechanische Wiederholen abgleiten, rufen Sie sich zurück zum Streben nach der Antwort. Streben Sie ganz und gar nach der Antwort auf die Frage „Was ist Mu?". Werden Sie eins mit dem Kôan.

Es wird ebenfalls Tage geben, da hängt Ihnen die Suche nach etwas, von dem Sie nicht wissen, wonach Sie überhaupt suchen, derart „aus dem Halse heraus", dass Sie auch die Frage „Wer bin ich?" oder kurz „Wer?" stellen können, um sich (vorübergehend) wiederum „Klarheit" zu verschaffen, was Sie überhaupt suchen. Ist Ihnen die Frage „Was ist Mu?" ganz und gar zuwider, können Sie bei der Frage „Wer bin ich?" bleiben. Auch diese Frage wird Sie zu dem Erkennen von Mu führen. Behalten Sie dann einfach die „Technik" des Kôan Mu bei. Werden Sie eins mit der Frage „Wer bin ich?".

Die Zeitvorgabe von zehn Minuten ist lediglich ein Vorschlag, die Sie verlängern oder verkürzen können. Die Qualität Ihres Sitzens „bemisst" sich an Ihrem Festhalten an der Frage „Was ist Mu?". An Ihrem Bestreben Mu zu erkennen. Es geht nicht darum Zeitvorgaben zu erfüllen oder länger zu sitzen als der Andere. Es gibt keinen Wettkampf. Gegen wen auch? Sie „kämpfen" (ringen) nur mit sich (Mu). Es wird von Ihnen nichts (Mu) erwartet. Wer sollte auch erwarten?

Seien Sie äußerst aufmerksam! Dies kann nicht oft genug betont werden. Schauen Sie genau hin! Was ist das, was da ist? Seien Sie aufmerksam, wenn Sie die Frage „Was ist Mu?" bzw. „Mu?" verlieren. Wenn Ihr Geist abwandert und Sie anzuhaften beginnen. Beispielsweise: „(Was ist) Mu? (Was ist) Mu? (Was ist) Mu? (Was ist) Mu? Morgen wieder zur Arbeit, Mist, keine Lust, Projekt noch nicht fertig,

172

Gespräch mit Chef, Überstunden etc." Sie haben die Frage „(Was ist) Mu?" längst verloren und haften an den Gedanken über Ihre Arbeit an. Erkennen Sie dieses Anhaften so früh als möglich, auch wenn es die vermeintlich „schönsten (edelsten)" Gedanken sein mögen, die Sie gerade denken, und ziehen Sie sich (bzw. Ihren Geist) wieder zurück zur Frage. Demnach: „(Was ist) Mu? (Was ist) Mu? (Was ist) Mu? (Was ist) Mu? Morgen wieder zur Arbeit. (Was ist) Mu? (Was ist) Mu? etc." Hier wurde mehr Aufmerksamkeit aufgebracht und das Abwandern des Geistes „schnell" bemerkt. Noch aufmerksamer wäre: „(Was ist) Mu? (Was ist) Mu? (Was ist) Mu? (Was ist) Mu? Morgen. (Was ist) Mu? (Was ist) Mu? etc."

Erkennen Sie, wo Sie die Frage stellen. Wo sich Ihr Geist befindet, wenn Sie die Frage stellen. Versuchen Sie die Frage in Ihrem Unterbauch (Hara) oder in dem Bereich zwischen Ihren Augen zu wiederholen. Geht nicht? Wieso? Sie brauchen doch keine Zunge und keinen Mund!

Wenn Sie sitzen, streben Sie danach sich nicht zu bewegen. Die einzige Bewegung, die von Ihnen ausgeht, sollte das Erheben der Frage „(Was ist) Mu?" sein. Diese Bewegungslosigkeit (Passivität, Erfahren, Spüren) ist die höchste innere Aktivität. Sie ist all das, was Sie sein können.

Die Arbeit mit dem Kôan Mu endet nicht mit dem Ende des Sitzens. Nicht mit dem Klingeln des Weckers. Dies mag Ihre besonders konzentrierte Zeit sein, aber Ihr Streben (Aufmerksamkeit) sollte in Ihrem Alltag nicht minder sein. Auch die unmittelbare Zeit nach dem Sitzen, wenn Sie sich erheben, das Klingeln des Weckers abstellen, die kleine Decke wegräumen, den Stuhl wegstellen etc., sollte von dieser Aufmerksamkeit geprägt sein.

Seien Sie ebenfalls äußerst aufmerksam in außergewöhnlichen Momenten Ihres Alltags: In Momenten des Streites, die Sie aus der Ruhe bringen, in denen Sie unerwartet reagieren, in denen Sie wegschauen, in denen Ihnen langweilig ist, in denen Sie gegen Ihre Überzeugung handeln, in denen Sie sich oder andere unterwerfen, in denen Sie mit dem „Kopf durch die Wand" wollen. In Momenten, die Ihnen unangenehm oder peinlich sind. In denen Sie sich überlegen oder unterlegen fühlen, die Sie verletzen oder Sie andere verletzen etc. Versuchen Sie vor allem auch in diesen Momenten an der Frage festzuhalten.

Sitzen Sie am Schreibtisch, fragen Sie sich, wer es ist, der am Schreibtisch sitzt. Spazieren Sie durch die Stadt, fragen Sie sich, wer es ist, der durch die Stadt spaziert. Wenn Sie sich mit jemandem unterhalten, fragen Sie sich, wer es ist, der spricht. Wenn Sie ein Geräusch hören, fragen Sie sich, wer es ist, der hört. Klären (vereinen) Sie beständig den Widerspruch, dass wenn Sie doch ichlos sind, es doch jemanden geben muß, der jetzt diese Worte liest. Wer nur ist dieser Jemand? Wer oder was nur könnte es geben, was Buddha (oder Dasein) genannt werden könnte?

Ihr Erkennen (Schauen) von Mu ist Ihr Erleuchtungserlebnis bzw. Ihre bleibende Erleuchtung. Die Aufhebung der Trennung von den Dingen durch Ihre Gedanken. Streben Sie nach dem Einssein mit dem Kôan, aber „wollen Sie nicht unbedingt" Erleuchtung finden. Ihre Erleuchtung geschieht, wenn sie geschieht. Sie haben in dieser Hinsicht nichts (Mu) zu wollen. Machen Sie sich keine (Mu) Gedanken darüber. Halten Sie nur an der Frage fest.

Auch wenn Sie (zunächst vielleicht) kein Erleuchtungserlebnis erfahren sollten, wird das Sitzen eine beruhigende Wirkung auf Sie haben und Ihnen guttun. Es ist Ihre Zeit (Moment), in der Sie sich nur mit sich befassen und die nur für Sie da ist. Die Zeit Ihrer Regeneration. Sie werden leichter durch den Alltag kommen und auch in schwierigen Momenten an Mu (Gott, Buddha) festhalten können.

Woran erkennen Sie, dass Sie auf dem „richtigen" Weg sind? Dass Sie „Fortschritte" machen? Seien Sie sensibel gegenüber der Art Ihrer Aussprache des „Ich". Auch des „Du", „Mein" und „Dein". Wen meinen Sie, wenn Sie „Ich" sagen? Seien Sie auch sensibel gegenüber Ihrer Wahrnehmung (Sehen), wenn Sie einen Gegenstand betrachten. Wenn hier und dort eins sind.

Was ist Mu? Ist die Lösung ein Wort? Nein!

Kommentar zur Grammatik des Buches

Das Buch „Der Liebende ist kein Sünder" ist, wie in der Einleitung bereits erwähnt, kein Sachbuch, sondern ein Buch, in dem die „Sache", um die es einzig geht, Mu (Buddha) ist. Das Buch basiert somit einzig auf dem Wesensfundament des (Nicht-)Wortes Mu, woraus sich die Frage ergab: Gelten für dieses Buch dann auch die Regeln der Rechtschreibung, oder ist Mu die Regel, aus der sich die Rechtschreibung ergibt?

Wie sollte ein „Wort" wie „dieses Mu" beschrieben werden? Ein „Wort", das im selben Moment Subjekt und Objekt ist. Das keinen und im selben Moment den weiblichen, männlichen und sächlichen Artikel trägt. Auch den unbestimmten und bestimmten Artikel. Das, weil es das eine Ding ist, das alle Dinge ist, Plural und Singular, ist. Das aber auch alle Fälle (Kasus) in sich beinhaltet. Ein „Wort", das auch keine Zeit und Ort kennt und aufgrund seiner Absolutheit auch keinen Relativ-(Bedingungssatz) oder Folgesatz, da aus Mu nur Mu gefolgert werden kann. Mu aber auch in der Verneinung des „kein" oder des „ohne" zu finden ist und damit eine an das „Ja" gebundene Verneinung ist. Wenn Mu auch keinen Konjunktiv kennt, da das „Sollen das Sein" ist. Auch keine Steigerungsform, da Mu die eigene Steigerungsform ist. Wenn „seine Wahrheit" aufgrund der Ichlosigkeit der Wahrheit zu „die Wahrheit" wird. Wenn es aufgrund des Nicht-Abstandes auch kein „mehr" oder „weniger" gibt und diese dann in Hochkomma zu schreiben sind. Wenn Worte wie „Wahrheit und Gott", die aufgrund der Selbigkeit ja nicht voneinander getrennt sind, sondern dasselbe Wesensfundament besitzen, keine ansammelnde Aufzählung sind. Etc.

Die Schrift ist nicht ausreichend, um „etwas" zu beschreiben, das die Überwindung des begrifflichen Denkens anstrebt. Insofern ist es verständlich, dass Bücher im Zen wenig bedeuten müssen und doch sind gerade die genannten „Eigenschaften" der „grammatikalischen Probleme" geeignet den Inhalt (Mu) zu verdeutlichen, indem Mu sich selbst im Wege steht und doch durch das im Wegestehen auf sich hinweist. So bestand ein großes Interesse daran Zen (Mu) authentisch zu beschreiben, demnach Mu (Buddha) als Regel zu „begreifen" und dennoch die vom Leser gewohnten, definierten, aber damit auch nicht immer mit dem Wesensfundament (Mu) übereinstimmenden Rechtschreibregeln nicht außer Acht zu lassen, um die Worte transportabel (transzendent) zu gestalten und so den Lesefluß nicht zu sehr zu beeinträchtigen, was dann ja auch im „Sinne" von Zen und Leser liegt.

Anhang

Namen

A

Stichworte

Häufige Begriffe und Wortgruppen

Literatur

Zen in der Kunst des Bogenschießens, Eugen Herriegel

Die drei Pfeiler des ZEN, Philip Kapleau

Website des Autors:

http://sites.google.com/site/zendesbassui

Dank an

María Guadalupe Darias Aguilar, Dennys Bäz, Artur Beschoner, Andreas Hedrich, Peter Schmidt, Tamara Schmitt, Michael („Was, Lady of the Lake?") Schürmann, Franky Zech

und das

Café Maximilian für freundliche Bedienung, Kaffee und Strom.